MORIR NO ERA UNA OPCIÓN

Morir No Era Una Opción

CARLOS RIVEROS

CONTENTS

A mi amigo, un hermano por elección, por el ejemplo de resiliencia que nos dio en momentos de dificultad, y a los seres humanos que han vivido esta tragedia, ya sea que sobrevivieron o no, porque son el testimonio de la barbarie que significa el secuestro.

DERECHOS DE AUTOR

INTRODUCCIÓN

Esta historia, que cuento en primera persona, relata un episodio de la vida de la víctima, que, más allá del hecho mismo del secuestro, resalta los acontecimientos personales, los pensamientos, el uso del sentido de supervivencia y la inteligencia de un buen hijo, buen hermano, buen esposo, buen padre y buen amigo para salir bien librado. También cuenta las situaciones de quienes le rodeaban en ese momento y que, al igual que él tuvieron la fortaleza para apoyarlo. Hoy, al contar esta historia, después de más de treinta años, él está enviando también un mensaje de paz, de reflexión, de respeto al ser humano y de fortaleza para todas las víctimas de este delito, pero también a los victimarios, para que reconcilien sus espíritus.

Este libro es mi expresión de admiración por ese amigo.

| 1 |

San Juan Del Cesar 1995

Camino a la finca "La Veguita" que tanto disfrutábamos con mis padres cuando aún se encontraban en vida, miraba con cierta nostalgia el verdor de esa tierra bendecida por Dios con paisajes imposibles de capturar en su real grandeza en fotos o siquiera en el pincel de famosos pintores.

Eran escasamente las siete de la mañana de ese día, que parecía un día normal.

Pensaba que pocos conocían el secreto de tanta belleza de esas tierras en las riberas del río Cesar, al sur del departamento de La Guajira, en el norte de Colombia...

Pero yo sí.

La conocía porque mi madre fue nacida en ese lugar, pero también gran parte de mi educación elemental transcurrió en el Colegio Gabriela Mistral, conocido en el pueblo como "*el colegio de Eduvilia*", en honor a su directora, Eduvilia Fuentes, una mujer de gran valor, que dedicó su vida entera a la enseñanza en esa región.

San Juan del Cesar, a pesar de ser una ciudad pequeña en tamaño, es inmensa en belleza, en verdor, en cascadas hermosas del río Cesar, que baja imponente de la Sierra Nevada de Santa Marta abriéndose camino entre gigantes piedras, serpenteando y brincando en rocas escalonadas.

A medida que avanza, va creando un paisaje lleno de magia que obligaba a quien se sentara en ellas a observar el río pasar, a soñar... soñar con el amor, con el desamor, con la amistad, con la vida, pero nunca con la muerte, porque ante ese paisaje de infinita belleza, la muerte en esas tierras se convierte en un estado mágico y permanente de la vida.

Ya en la carretera, desde muy temprano, se empezaban a ver esos campesinos llenos de la alegría inocente con la que el mismo paisaje los levanta cada día, montados en burros y caballos cargados de frutos de la tierra que después son convertidos en gloria de paladares locales y que, sin pretensiones, trasciende mucho más allá de sus fronteras hasta hacerse presente en mesas llenas de ofertas gastronómicas de toda la costa caribe de Colombia.

La brisa que baja junto a esas corrientes de agua cristalina trae, como de la mano, un viento fresco que al respirarse produce una sensación de limpieza de cada alvéolo de los pulmones, pero también del alma, como si entrar en esa zona invadiera de sensaciones la vida misma con una magia que me deja entender lo que sentía García Márquez por Aracataca, pero también que, probablemente para el tiempo que se inspiró en esas tierras, todavía no conocía San Juan del Cesar.

Los sombreros *"vueltiaos"*, propios de la región, son como un sello en la cabeza de cada persona que habita la zona, que más allá de su belleza propia de exportación, están construidos con la sabiduría milenaria del caribe colombiano, con la propiedad de proteger a quien lo usa de las inclemencias del sol, pero ofreciendo caminos a la brisa que encuentra una vía para refrescar la piel en medio de las labores del campo. Además, es, al lado del acordeón vallenato, una señal inequívoca del folclor que habita la zona.

San Juan del Cesar, aunque pertenece al departamento de La Guajira, era llamado así porque sus tierras son bañadas por el río Cesar.

El departamento del Magdalena en Colombia se dividió en el año 1965. En ese año, se creó el Departamento de La Guajira, de una parte del territorio de Magdalena.

Venía oyendo en la radio las canciones vallenatas propias de ese lugar, que precisamente se inspiran en esa belleza natural, infinita y misteriosamente hermosa.

Cada canción vallenata es un poema de amor, de desilusión, de recuerdos de los que se fueron, de esperanza.

Mientras paseaban mis ojos por esas casas sencillas pero llenas de historia de la entrada del pueblo, se me pasó por la mente mi esposa Sixta, que ya para esa hora del día estaría alimentando a Cristina, mi primogénita, de sonrisa amplia y ojos expresivos.

Cris, recientemente había tenido una fiesta para celebrar su primer año de vida propia de una princesa, porque eso era, una princesa.

Lo era para sus padres, abuelos y tíos, y es que no era para menos, era la primera en la línea de la familia de Sixta y en mi familia era la que guardaba un mayor parecido a mi madre.

Ver a mi hija, con apariencia de un ser maravillosamente frágil que contrastaba con su verdadera fortaleza, porque al nacer, me enseñó el verdadero sentido de mi existencia, era como un motor que ya para ese momento, con escasos 12 meses de edad, era capaz de impulsar, no solo mi vida sino la de una familia entera.

Recuerdo que justo en ese momento en que mi familia crecía, yo sentía temor de no lograr tener todo lo que necesitaran para su futuro, a veces sentía que todavía era muy joven para tanta responsabilidad, que me hacía falta guía....

"La guía de mi padre".

Yo siempre había sido muy pragmático en mi vida; no me detenía mucho en pensamientos tristes, pero, por alguna razón, mi mente divagaba en ese momento en mares de nostalgia. En el fondo, yo sabía por qué...

"Mi padre..."

La entrada a ese pueblo me lo recordaba siempre, pero ese día especialmente, mientras pensaba en mi hija, no podía evitar la sensación de querer tenerlo en mi vida nuevamente, que no se hubiera ido, que estuviera a mi lado entrando en ese lugar como lo hacía cuando era un niño.

Recordaba el orgullo de acompañarlo durante mis vacaciones a recorrer esas tierras, que, aunque para mi padre eran adoptadas, las sentía más suyas que el mismo vallenato.

Yo lo miraba como quien mira a un superhéroe, lo sentía invencible, poderoso en su hablar, decidido, sin titubeos, pero de una humanidad que desbordaba el cariño de los locales.

- *"¿Invencible?"*, pensé con un temor que me enfrió el alma.

- *"Si fuera invencible, estaría aquí, acompañándome, enseñándome, conociendo a sus nietos... orgulloso de verme graduar como médico, apoyándome"*, pensé.

Lo pensé con algo de inconformismo, tal vez con la vida, por habérselo llevado a destiempo.

No entendía por qué ese día yo estaba lleno de desasosiego en mi corazón, como de un temor de algún día, no estar ahí para Cristy, para mis otros hijos por nacer y para Sixta, de no poder levantarme cada día y ver cómo crecían, para acompañarlos un día al altar y ver el fruto de sus vidas…

- *"Como le pasó a mi padre"*, pensé.

Rápidamente centré mi pensamiento hacia lo que debía hacer ese día en San Juan. En realidad, quería volver con rapidez al campamento de la mina de El Cerrejón, la compañía minera de carbón más importante y grande del país, donde tenía mi hogar con Sixta y Cristy, desde donde además ejercía mi labor de manejar, como gerente, la compañía de vigilancia y seguridad… sería un viaje rápido…

- *"Solucionar lo de la venta del ganado y pagar a los empleados, inspeccionar las siembras de palma africana, revisar los trabajos del nuevo sistema de riego y… para atrás, a ver a mi Cris crecer, no quiero perderme ni un día sin verla".*

De hecho, paré en un puesto de venta campesina de frutas y verduras y compré yuca y plátano de la región.

- *"Sixta debe alimentarse bien para que mis futuros hijos salgan sanos",* pensé en ese momento.

Antes de entrar a San Juan, hicimos una parada en la brigada del ejército, como era la recomendación del coronel Valdez, comandante de la brigada del batallón Rondón, apostado a las afueras del pueblo.

Debía reportar mi presencia en esas tierras, incluyendo las fechas de llegada y de salida y las personas de la familia o amigos que me acompañaban, como parte del protocolo de seguridad diseñado para la prevención.

Y así lo hice; el coronel ya me esperaba en su oficina, donde yo ya era conocido no solo por él, sino también por su asistente María, típica *"sanjuanera"*, quien guardaba un especial cariño hacia mí como extensión de mi padre.

Al sentarme enfrente de él en una pequeña sala al lado de su escritorio, como siempre lo hacía, cruzando mi pierna, dejaba notar las botas de cuero que recientemente había recibido de un buen amigo, traídas de Nueva York.

-*"Me gustan mucho sus botas doctor Echeverry,"* me dijo el coronel, como rompiendo el hielo, *"ojalá mi tropa pudiera tener esas botas, podrían marchar más, caminar cómodamente, como debería ser".*

En ese momento María entró con una pequeña bandeja en la que transportaba dos pequeñas tazas de café negro que conocemos en nuestra tierra como *"tinto"*, lo que se convertía en una invitación a una charla amena y amistosa.

El coronel se veía rígido en su hablar, *"prussiano"*, como dirían los castrenses, con el uniforme estilo camuflado impecable; en su escritorio descansaba una fotografía de su familia.

Cada sorbo de ese tinto caliente, de aroma y textura inigualables, fue disfrutado tanto por el coronel como por mí.

Se vivían en Colombia, en esos momentos, tiempos de temor, de angustia, por cuenta de grupos que habían llegado a la región del sur de La Guajira y norte del Cesar unos años atrás y, durante toda su existencia, se dedicaron a promover terror, muerte, destrucción y separación de familias con secuestros inhumanos que justificaban como una forma de lucha.

Pero también eran tiempos de un gobierno en cabeza del presidente Samper, de quien se decía que parecía, a sabiendas o no, abiertamente entregarse a las mafias del narcotráfico.

- *"Hay que tomar precauciones especiales doctor, por estos días tenemos información de planes de secuestros, nada concreto, pero es importante atender las señales... mantenga su radio en funcionamiento, desconfíe de cualquiera que se le acerque sin conocerlo, mi número de teléfono está a su*

disposición ante cualquier duda... ¿necesita hombres armados para su protec-
ción?", me dijo el coronel.

Mientras hablaba, me miraba fijamente, extendiéndome con firmeza su mano. Le dí la mano también.

- *"Gracias coronel, trataré de seguir las recomendaciones, aunque tal vez yo sería el último a quien alguien quisiera secuestrar, jajaja"*, le respondí con tono jocoso que ciertamente no causó gracia en él.

Cuando lo miré a los ojos, podía percibir la seriedad con la que hablaba.

- *"No creo que necesite personal armado en este viaje coronel, van a ser solo veinticuatro horas, mañana debo llevar a mi hija a su primera fiesta de cumpleaños en el Cerrejón; ya sabe cómo son estas cosas de ser padre"*, le dije. *"Veo en su foto familiar que tiene varios hijos"*, terminé diciendo.

- *"Son mi vida doctor, y el único temor que tengo es no poder estar ahí para ellos algún día, no acompañarlos en su camino de vida".*

No existía, en esa época, la telefonía celular, que apenas iniciaba sus vestigios en ciudades grandes, por lo que la comunicación requería aparatos de radiocomunicación o teléfonos atados a cables en las casas; el área rural no contaba en absoluto con este servicio como lo conocemos hoy día.

Al salir del batallón, hice una parada en la casa de mis abuelos, en el marco de la plaza principal de San Juan, conocida como plaza Bolívar, que tenía un encanto propio, casi mágico, de una paz y un silencio que solo eran interrumpidos por los sonidos de la campana de la iglesia anunciando el inicio de cada homilía.

La imponencia de esa plaza era además engalanada por las casas de familias prominentes de la región con raíces empotradas en esa tierra.

La familia Lacouture, la familia Cuello, los Méndez, los Daza y la familia Gutiérrez compartían una posición especial en la historia y el desarrollo cultural y económico de San Juan.

Cada fin de semana se celebraba la amistad, la unión, la cosecha, la lluvia, los cumpleaños, los matrimonios, la sequía, la inundación, o cualquier otro motivo con abundante comida y whisky, pero más especialmente con la presencia de algún Juglar vallenato de la región que se esmeraban por mostrar la mejor cara del folclor vallenato, con voces que solo produce esa tierra, inspirados en esa magia inconfundible del acordeón, la caja y la guacharaca.

Salí de San Juan por la vía que conduce a Los Pondores, un pequeño caserío que se encuentra a unos cinco kilómetros, también ribereño del río Cesar, con una población de mil habitantes, casas pequeñas y una gran plaza a la usanza de la región.

A pocos metros está el cementerio y aledaño a este se encuentra La Veguita.

El día parecía algo normal, pero no podría imaginar lo que me esperaba… las situaciones que cambiarían no solo mi vida sino las vidas de la gente que amo.

Nunca sería igual.

| 2 |

El Secuestro, Mayo 19 1995

Entrando a la casa de mis abuelos maternos ese diez de mayo de mil novecientos noventa y cinco, sin apenas sospechar lo que el día me traería, me encontré con Henry, mi hermano, que se dejaba atender junto a mi madre, ambos todavía en pijamas, por la empleada del servicio, una mujer típica del pueblo con un desayuno que sería difícil de describir en otras regiones del país y quizá del mundo, con chicharrón, yuca, huevos, queso recién hechos y una variedad de jugos de fruta natural, que definitivamente doblegó mi voluntad y me obligó a sentarme a su lado.

A pesar de mi promesa a Sixta de guardar una dieta estricta para no seguir aumentando la talla de mis camisas y pantalones que ya ella venía notando con preocupación, no sentí culpa alguna de dejarme llevar por el coqueteo de esa mesa impecablemente servida.

Todo bajo la supervisión estricta de mi abuela *"mamá nena"*, que nos consentía a través de los manjares.

-"¿Henry, tú vas a la Veguita hoy?", pregunté mientras me servía en un plato esos manjares.

-"Tenía planeado ir y, de hecho, me están esperando, pero debí cambiar de planes porque hoy es la fecha límite para un pago que debo hacer en el

banco personalmente, tal vez vaya mañana", me respondió casi sin tragar lo que en ese momento se encontraba en su boca.

-*" Si no vas a ir, quisiera que cambiáramos de camionetas hoy, porque voy a la Veguita y acabo de hacer lavar la mía, ¿está bien?"*, le dije.

Inmediatamente instruyó a su conductor que intercambiara llaves con el mío, lo que dejaba claro el plan para ellos.

En ese momento y sin saberlo, estaría yo librando a mi propio hermano, que tanto quiero, de vivir una situación que no hubiera querido vivir yo mismo.

Antes de salir, no pude evitar tomar un par de panecillos hechos con yuca de la tierra, que me llamaban insistentemente a comerlos desde su posición en la mesa; el jugo de guanábana fresca los acompañó en el camino a mi boca.

Parte de mi visita a la Veguita era la supervisión de las obras de instalación de un nuevo sistema de riego que en su momento fue criticado por su costo, pero que mejoraría la producción de ganado y las condiciones de siembra.

Por su diseño innovador y funcionalidad, se volvería en años subsiguientes en motivo de orgullo y desarrollo de lanza del sector agropecuario, y que pudiera ser copiado por otras fincas de la región.

Ese día, como todos los fines de mes, eran especiales; debía encargarme del pago a mis trabajadores de la finca. Era especial porque, sin falta, agradecía uno a uno sus labores; era el momento de hacer un justo reconocimiento por su trabajo.

Muchos de ellos llevaban más de 15 años en la finca; eran prácticamente de la familia. Yo heredé, inmerecidamente, el inmenso cariño que esos trabajadores sentían por mi padre; muchos de ellos dejaban mostrar sus lágrimas al verme entrar cada fin de mes a La Veguita desde ese año en que a mi padre se le abrieron las puertas del cielo para la eternidad. Cada persona que trabajaba en esa finca era especial.

Maritza, la más antigua, desde niño me contaba historias de creencias de la zona, muchas de ellas fantasiosas o misteriosas, sin duda míticas, que hasta ahora recuerdo claramente y, de hecho, las he transmitido a mis hijos, que, como es propio de las nuevas generaciones, ya no sienten temor al oírlas, pero las reciben con el mismo cariño con que yo las recibí en su momento.

Perenne llevo en mi memoria el momento exacto en que, acercándome ese miércoles diez de mayo de 1995 apenas empezando la mañana, a pocos metros de la entrada de la finca, se encontraban unos diez hombres uniformados con traje camuflado de infantería propio del ejército nacional.

Bajamos la velocidad para saludar con amabilidad. Pude identificar al líder por la forma de moverse y la actitud que los demás le mostraban, como con respeto y siguiendo sus movimientos. Además, fue quien se acercó lentamente al auto en actitud amistosa. Noté que no había identificación legible, tal vez desgastada por el tiempo.

Bajé el vidrio de la ventana de la camioneta; se veía amable y, por su uniforme y edad, entendí que podía tratarse de un capitán del ejército. Aunque el coronel Valdez no me había alertado de la presencia de tropas de la brigada cercanas a mi finca, era comprensible porque se trata de fuerzas de trabajo diferentes y muchas veces no completamente comunicadas entre sí.

- *"Soy el capitán Ubalde, del ejército nacional... ¿Henry Echeverry?"*, preguntó con acento de persona del interior del país mientras saludaba con su mano en la frente mostrándose típicamente militar.

- *"Hola capitán, soy el doctor Luis Fernando Echeverry, hermano de Henry, gracias por patrullar estas tierras con su gente"*, le dije.

Sentí un aire de tranquilidad de tener personal del Ejército de Colombia en el lugar; de hecho, quería que se quedaran cerca.

Para ese momento no consideré que el radio de onda corta de comunicación se requeriría más mientras estuviera con el capitán y su gente. Lo apagué y lo dejé a un lado.

Sin embargo, a pesar de mi agudeza mental y capacidad de observación, pasé por alto un detalle que horas después, ese mismo día, me haría arrepentirme de haberlo hecho... uniformes muy nuevos con insignias que parecían reales, pero con armas venezolanas de tipo "Fal", que en ese entonces hacían parte de las compradas por el ejército de ese país vecino de Colombia.

- *"Capitán, quisiera invitarlos a un sancocho a usted y sus hombres, para que coman bien, de hecho, mi padre era el mayor Echeverry, también del ejército, acá cuidamos a nuestro ejército con orgullo, estamos en familia"*, le dije como rompiendo el hielo.

- *"Bueno saberlo doctor, y de hecho le aceptamos el sancocho; esto va a ser bueno, vaya tranquilo y parquee que ya hablaremos en detalle"*, dijo el capitán mientras se frotaba las manos.

Por alguna razón en ese momento se me vino a la mente la conversación de esa mañana con Sixta, mi esposa, que se levantó temprano, como siempre, para atender mi salida de la casa, alistando con cuidado la ropa que usaría cada día sin dejar nada al azar.

Podía recordar con detalle sus ojos de alarma, de miedo.

- *"Mi amor, no sé por qué, pero creo que no deberías ir a la finca hoy... no es un buen día"*, me dijo con algo de misterio en su mirada.

- *"¿Por qué lo dices mi amor?"*, le pregunté, más por tranquilizarla porque, definitivamente, yo debía ir; era inevitable.

Fui a darle un beso a Cristy, que me miraba con ojos de amor sereno, que ya desde temprano predecía que su corazón se mantendría aferrado a mí de por vida.

Sixta acompañaba mis movimientos con algo de desasosiego, como con miedo de perderme de vista.

-*" Soñé que alguien con fusil entraba por la ventana de mi cuarto buscándote, amenazando con llevarse a Cris, yo le rogaba, pero no dejaba de buscarte, abrió todas las puertas, se veía muy real"*, me dijo Sixta con evidente ansiedad.

Volví a enfocarme en la entrada a la finca. Mientras el conductor parqueaba el auto, por un momento otra vez recordé las palabras casi en tono de ruego de Sixta antes de salir de mi casa en el Cerrejón, donde vivíamos.

- *"No creo que deberías ir a la finca hoy... soñé..."*, retumbaban en mi cabeza una y otra vez mientras avanzaba.

Por alguna razón tenía una extraña sensación de que estaba atrapado...

Mientras caminaba hacia la casa, pensaba que debía decir a alguno de mis empleados que se comunicara con el coronel, pero no sabía cómo hacerlo sin que alguien lo notara; además, para ese momento ni siquiera estaba seguro de mi presentimiento.

-*"Estoy exagerando"*, pensé en silencio, *"esas armas no son venezolanas... ¿o sí...?"*.

Como si presintiera mi sospecha, el capitán venía caminando, pero, presuroso, hacia mí.

-*"Doctor Echeverry, quiero que me acompañe al batallón para un asunto"*, me dijo con un tono de tinte un poco autoritario.

-*"Precisamente iba a llamar al coronel para invitarlo también"*, respondí, pero ya en mi mirada se había perdido la sensación de familiaridad para con ese individuo que se decía capitán.

Para quien me conoce, en ese momento habría advertido que mi expresión facial enrojecida y pletórica decía exactamente lo que pensaba... algo no estaba bien...

-*"¿Quién es este hombre?... ¿quiénes son estos soldados?... por qué esos fusiles venezolanos?...!, Mmmm... esto no suena bien!, que no sea lo que estoy sospechando..."*, pensé en ese instante.

Aunque tenía el radio para comunicarme con el batallón directamente con el coronel Valdez, lo había apagado bajo la confianza de estar con miembros del ejército, y, aunque hubiera podido devolverme a la camioneta en un intento por enviar una señal, ya para ese momento el *"capitán Ubalde"* me seguía de cerca con actitud de león que vigila *"amistosamente"* a su presa.

Mis manos empezaron a temblar y no quería hablar porque sentía que mi voz sería titubeante...

¡Estaba asustado!

No era para menos, en los siguientes minutos, la invitación a montarme en mi propia camioneta para "acompañar al capitán al batallón" llevaba un tufo de exigencia.

En ese momento mi mente entendió claramente la situación... no era una simple invitación, *"era una orden amable"*. Pasaron por mi mente imágenes que me perturbaban, no quería acompañar a nadie... no quería...

Quería salir corriendo, esconderme en la casa, defenderme, llamar al batallón.

Todavía en esos minutos que avanzaban tensos, el *"capitán"* mantenía una postura amable y con cierta sonrisa sardónica que producía en mí una necesidad de no *"abrir las cartas"*; pensaba que mantener cierta comunicación podría todavía salvarme de lo que temía, pero que no se manifestaba todavía abiertamente.

Podría jurar que esperaba que mi padre apareciera y me guiara, me dijera qué hacer, que me tranquilizara, que me ayudara a mantener la cabeza fría.

Ahora, mucho tiempo después, entiendo que mi padre sí apareció, sí me guió en ese momento… si hubiera corrido a esconderme en la casa y hacer que los trabajadores y vigilantes me protegieran, que hubieran llamado al ejército o a la policía, muy probablemente todos, excepto yo, hubieran sido ejecutados o torturados.

Ahí, en ese día decidí guardar la calma, proteger a aquellas personas que me habían acompañado fielmente durante años, pero el objetivo era solo yo… de hecho, era mi hermano Henry, que por fortuna del destino cambió su camioneta conmigo y su plan de ir a la finca ese mismo día, porque me hubiera dolido en mi corazón imaginar que él estuviera en la situación en que yo estaba.

Confieso que quería llorar como un niño, rogar, hasta arrodillarme para que no sucediera lo que, sin decírmelo nadie, iba a suceder, quería volver al Cerrejón, abrazar a Cris, besar a Sixta… quería…

Entendí que ya no importaba más lo que quería...

Así como me lo indicaron, subí a esa camioneta con temor, sin opción, aunque todavía el *"capitán"* mantenía una actitud impositivamente amable, y yo, dócilmente amable, tal y como me lo decían mis instintos o… probablemente como mi padre desde el cielo me instruía.

Cada segundo desde ese momento en adelante corría como una película frente a mí, como si yo fuera un espectador más, como si esperara que se acabara pronto y salir de la sala de cine solo para comentar los sentimientos que me produjo y lo buenos que fueron los actores.

Una película en la que el final muestra al niño asomado en la ventana de atrás de un auto que se aleja, con las manos en el vidrio y lágrimas en sus ojos, alejándose del sitio donde quisiera estar, donde es feliz, a un mundo desconocido, con personas desconocidas, donde nunca pidió ser llevado.

-*"Todavía hoy, después de tantos años al recordarlo, lo siento así"*. Ese solo sería el inicio de un recorrido por el infierno...

-*"El abominable infierno del secuestro"*.

Al que entras obligado por seres enseñados a la fuerza a encontrarse desprovistos de sentido de humanidad, pero llenos de la irracionalidad de la vida que les ha tocado.

Dirigidos por un grupo más pequeño que ya sea por razones de resentimiento social, por adoctrinamiento o por simple mentalidad delictiva, encuentran en esas actividades su mundo de poder solitario. Probablemente también encuentran en ese mundo, una forma de excusarse a sí mismos la poca capacidad de sobresalir en la legalidad.

Solo les queda imponerse en el mundo de un crimen disfrazado de *"lucha social"* que, de social tiene poco, pero de desprecio por el ser humano tiene todo.

-*"Así empezó mi secuestro... así lo recuerdo hoy"*.

| 3 |

La Muerte De Mi Padre

S eis años atrás, en noviembre de 1988...

- *"Mi mayor, hay información de presencia de guerrilla en la carretera más adelante"*, dijo Álvaro, a quien cariñosamente los amigos apodaban "el Negrín", en ese entonces el conductor y escolta de mi padre.

Ese día se movilizaban en una camioneta Ford Lariat de una sola cabina, se dirigían a la finca "La Esmeralda", cercana al corregimiento de Cañaverales, al pie de la Serranía del Perijá.

Era una finca grande con terreno plano en la zona aledaña al pueblo y montañosa en la parte más alejada, precisamente en las estribaciones de la serranía, que nos separa del vecino país de Venezuela.

En la camioneta, además, sentado en el medio, estaba Gonzalo Noguera, tío muy cercano por estar casado con mi tía Fanny Lacouture, hermana de mi madre.

Minutos antes, mi padre, como era su costumbre, sentado al lado de la ventana siempre abierta con el brazo apoyado sobre al marco, conversaba animadamente acerca de la celebración que se llevaría a cabo en Bogotá ese mismo día con motivo del cumpleaños de Cayo, el hijo de Gonzalo y Fanny que por esos tiempos tenía, entre otras cosas una popularidad que lograba reunir, en sus festejos interminables, a amigos de muchos lugares del país, pero especialmente de Bogotá y la zona de San Juan y Valledupar… por supuesto yo no faltaba a esos festejos.

Al recibir la alerta de su conductor, mi padre interrumpió la charla inmediatamente.

- *"Desvíese a la carretera alterna de inmediato Negrin; no hay que arriesgarse con esos delincuentes"*, respondió mi padre.

Mientras respondía, llamó por radio a la estación cercana del ejército, apostada en la zona, para informar de la posición de los guerrilleros.

-*"Batallón Rondón, aquí Águila Roja para informar un 2345 en ubicación zona 3"*, dijo.

Águila Roja era el seudónimo clave para identificar al Mayor Henry Echeverry, mi padre, en las comunicaciones con el ejército.

El conductor tomó rápidamente un desvío que evitaba el paso por esa ruta; se trataba de un camino completamente rural y destapado, lleno de huecos y agua de lluvia estancada, que rodeaba el lugar de la carretera donde se informó de la presencia de la guerrilla, y que daba acceso a la finca por su entrada posterior, pasando por un caserío conocido como Conejo.

Ese año había sido de lluvias inusuales, más de lo esperado, debido a lo que hoy día conocemos, pero no en ese tiempo, como el *"fenómeno de La Niña"*.

Se trata de un fenómeno atmosférico explicado ahora como el resultado de un enfriamiento anómalo en la temperatura de las aguas del Pacífico ecuatorial, que produce un aumento de las precipitaciones en varias zonas de Colombia.

Por supuesto, esas trochas aledañas a las carreteras se convertían en nidos de huecos profundos indetectables por llenarse de agua, haciéndose prácticamente intransitables.

Mi padre cargaba, durante las movilizaciones fuera del perímetro de la ciudad, una ametralladora *"Mini-uzi"*, que le permitía sentirse a salvo durante las revistas periódicas a las fincas.

Ante la posible cercanía de los grupos de delincuentes, quitó el seguro de esa arma para prepararla en caso de ser necesario.

Ese tipo de arma fue desarrollado con tecnología israelí por el mayor Uziel Gal, inicialmente usada por fuerzas especiales de defensa israelí en 1956 en la campaña de Suez y posteriormente fue usada activamente en varias guerras hasta 2003 cuando fue sacada de las fuerzas de defensa de Israel. Este tipo de arma tenía característicamente dos mecanismos de seguridad.

En el mismo momento en que mi padre desactivó los mecanismos de seguridad, un salto inesperado de la camioneta, por las condiciones del terreno, cambió súbitamente la posición del arma en sus manos, lo que produjo un movimiento instintivo del dedo índice de mi padre contra el gatillo.

En un segundo, una ráfaga de más de 25 balas entró inmisericordemente en la pierna de mi padre, atravesando la arteria femoral y la vena safena, y destruyendo a su paso el fémur izquierdo, destrozándolo completamente.

Los minutos siguientes de ese día, 18 de noviembre de 1988, fueron de horror, de confusión… de muerte. El Negrín describió lo que vio después del sonido del arma como…

   -"¡Un chorro de sangre manchó el techo de la camioneta!.."

Mi tío no entendía la situación, demoraba en comprender, pensó en un momento que recibían ataques de parte de la guerrilla, ni siquiera sintió dolor por la herida, afortunadamente superficial, de una bala que rozó su rodilla derecha.

Cuando logró centrarse en mi padre, que, sin quejarse, rápidamente tomó un trapo de tela que se encontraba cerca de la barra de cambios de la camioneta, aplicó con toda su fuerza un torniquete en su pierna.

Según el relato de mi tío, mientras estuvo consciente, mi padre ignoraba valientemente el dolor que le producían las múltiples fracturas de fémur que el trayecto de varias de las balas causó a su paso, mientras le daba la orden a Álvaro, horrorizado por lo que veía, que siguiera adelante hacia el hospital más cercano.

Su voz se hacía más débil con cada segundo que pasaba, como si hablara embriagado.

Para ese momento, las opciones de atención médica eran Valledupar a unos 70 kilómetros, San Juan a unos 20 kilómetros y Fonseca (otro municipio de La Guajira) a unos 10 kilómetros de distancia.

-"*¡Diríjase a Fonseca!!!,*" gritó mi tío.

Él se debatía entre el aturdimiento de la ráfaga del arma y la dificultad de mantenerse en posición por el movimiento incesante de la camioneta por las condiciones de esa carretera y la velocidad que Álvaro llevaba, movido por el temor y la desesperación de lo que veía, aunque no salía de su boca una sola palabra, él rezaba, pedía a Dios que mi padre no muriera.

Lo pidió con el fervor del aprecio que sentía por él. La sangre no paraba de salir, a borbotones, pulsátil, como determinada a abandonar ese cuerpo que la necesitaba para vivir, porque mi padre tenía muchas razones para vivir, y yo tenía muchas razones para que él viviera…

Nos faltaba mucho tiempo juntos.

A su llegada al precario hospital de Fonseca, "el Negrin", como pudo, lo sacó cargándolo en sus brazos del vehículo.   El cuerpo desgonzado de mi padre se desvanecía como un muñeco gigante de trapo. A gritos pidió ayuda a dos transeúntes, que, con premura, a pesar de la escalofriante escena, corrieron a auxiliarlo con el cuerpo y entre los tres lo entraron a aquel centro médico, mal llamado hospital, porque en realidad era más un dispensario sin dotación alguna, fue poco lo que pudieron hacer aquellos galenos...

La suerte estaba echada.

Su cuerpo, ya sin vida, pálido por la falta de sangre, se fue enfriando, como se enfriaron nuestras vidas con su partida, apenas tocando los 48 años de edad.

Mientras eso ocurría, yo estaba en Bogotá, situado en el interior de Colombia de la que es su capital, donde habíamos mudado nuestra vivienda principal para asistir a mejores colegios y, más adelante, universidades como era el sueño de mi padre para nosotros.

Yo había logrado ingresar a la Universidad Militar. Me haría médico como siempre soñé y con el apoyo irrestricto de mi padre.

-"Ni una aspirina me tomo de usted mijo...Jajaja", decía jocosamente mi padre.

Mientras, me abrazaba sin lograr evitar que una lágrima asomara en sus mejillas, que no lo dejaba ocultar su orgullo de verme en camino a hacerme médico en una de las mejores universidades del momento.

Largas jornadas me mantenían ocupado diariamente; entre clases y exámenes entraba a un mundo de ciencia que me fascinaba, ocupaba mis sentidos. Creo hoy que hubiera sido un gran médico, que los hechos que cambiaron mi vida me desviaron de una profesión que amaré siempre, pero también me acercaron a un mundo que aprendí a dominar y me dio muchas satisfacciones.

Fue una época de mediados y finales de los ochenta, apenas haciendo su aparición el internet, que en nada se parece a lo que hoy conocemos, pero también a la posibilidad del uso de computadores con conexiones muy complicadas, pero que maravillaban nuestros cerebros en ese momento, haciendo apenas su aparición virus como el VIH (SIDA), sin muchos problemas... solo con sueños.

En ese entonces conocí a mi gran amigo, mi hermano de escogencia, pero no de sangre.

Carlos Riveros era un estudiante promedio, de un trato amable y muy bien educado, sencillo; procedía de Cartagena y, desde que lo conocí por primera vez, nos unió la admiración por la ciencia médica, de lo que surgió una amistad que trascendió el tiempo y las fronteras.

Recuerdo que al conocerlo me enteré de su historia... solo tres meses antes de su ingreso, perdió a su padre, quien, como el mío, había sido oficial de las fuerzas armadas, en un trágico accidente, y con el apoyo económico de personas cercanas que fueron ángeles en su momento para él, hizo el esfuerzo de iniciar esta carrera que él, así como yo, amaba con grandeza.

-*"Pobre Carlos, que mala situación haber perdido a su padre tan joven; no sé si yo podría estudiar con esa tristeza"*, recuerdo que pensé en ese momento.

Sin saberlo, esa sería una lección de vida para mí, sin sospechar que yo mismo me vería en su situación.

-*"Rinnnggg, rinnnngggg"*, sonaba el teléfono incesante en mi casa.

-*"¡Alguien conteste el teléfono!"*, dijo Gloria Lucía.

Mi hermana, que estudiaba también en Bogotá, para ese momento recientemente casada con Rafael McCausland, médico en proceso de especialización en cirugía general en el Hospital Militar.

Escuché la voz con un saludo un poco extraño de mi tía Sofi, esposa de mi tío Beto Lacouture, hermano de mi madre.

-*"Hola Luisfer, ¿han hablado con su mamá o con alguien de San Juan?"*, dejó unos segundos de silencio.

Esos dos segundos me hicieron sospechar que algo no estaba bien, ella jamás llamaba a nuestra casa, excepto para hablar con mi madre.

-*"¿Pasó algo tía?"*, pregunté con tono sospechoso.

-*"Tu tío Gonzalo y tu padre tuvieron un accidente y...."*, se detuvo.

Sentí como si toda mi sangre invadiera mi cabeza, seguido por un apretón en el pecho que no se me quitaba. Deseaba que no fuera lo que estaba pensando, lo que temía…

Tomé aire para preguntar directamente si mi papá había fallecido… solo un silencio largo y triste se dejaba sentir en esa línea telefónica…

-*"¿Se murió mi padre?"*, volví a preguntar, esta vez con un grito que me salió de las entrañas.

Esta vez la respuesta fue otro grito desgarrador que aún hoy me duele… retumba en mi cabeza.

-*¡Si, si, tu papá murió en ese accidente!!!!*, dijo.

Su grito, con llanto me obligó a colgar ese teléfono, como para olvidar lo que oí, pero no pude evitar lanzar yo mismo, un grito de impotencia, de dolor, de incredulidad.

Mis gritos alertaron a mis hermanos Gloria Lucía y Henry, que se encontraban conmigo en la casa en Bogotá, ya que mi hermanito menor, José Daniel, de apenas seis años de edad, en ese momento se encontraba en San Juan con mis padres.

Al ver a mis hermanos acercarse a mí, sin entender lo que pasaba, los miré a los ojos. No sabía cómo explicarlo; yo mismo no entendía.

Los abracé todavía sin decir nada, simplemente no me salían las palabras, quizá sentía como si decirlo fuera aceptar que ese ser maravilloso, indestructible, nuestro héroe, nuestro mentor, nuestro protector….

-*"¡Está muerto... mi papá está muerto!!!"*, les grité, les grité con dolor.

Como una película que va pasando enfrente de mí, corrían imágenes de mi padre enseñándonos a nadar, a jugar fútbol.

Pero también corrían por mi mente las imágenes de mi padre bailando el vals en el matrimonio de su princesa Gloria Lucía, en impecable smoking de cola larga, con sus insignias militares en el pecho, pero más con el orgullo de la familia que había construido. Caímos como hermanos arrodillados ante el golpe de la realidad.

-*"Mi madre..."*, pensé en ese mismo instante, *"no va a sobrevivir esto"*.

Ella vivía en un castillo de nubes y felicidad que mi padre construyó para ella durante más de 25 años; disfrutaba todas sus ocurrencias, la conocía y la comprendía como nadie.

Se sumaron el dolor y el llanto inconsolable de Sabina y Elda que, desde hacía muchos años, tal vez desde que nacimos, trabajaban para nosotros, prácticamente parte de nuestra familia.

-*"¡Noooo, no puede ser, no puede ser, no puede ser, es mentira!"*, decía Elda una y otra vez con dolor, con incredulidad.

La casa en el norte de Bogotá, ubicada en el barrio La Carolina, rápidamente se fue llenando de familiares y amigos que, estupefactos por la terrible noticia, llegaron a acompañarnos en esos duros momentos.

Por fin logré hablar con mi madre; ella trataba, sin éxito, de transmitirme serenidad.

-*"Se acabó este cuento de hadas, se acabó la felicidad de este hogar"*, decía entre sollozos.

Sus palabras dejaban sentir el agotamiento de su voz, probablemente por largas horas de llanto o probablemente vencida ante el dolor.

Desde aquel día, mi madre nunca volvió a ser la misma; la presencia de mi padre en su vida definitivamente daba vida a su vida, como si desde que se conocieron sus felicidades estuvieran atadas a la existencia.

-*"Nunca vas a estar sola mami; te prometo que estaré contigo a cada paso del camino, tenemos el legado de mi padre y tu motivo de vida que somos nosotros, tus hijos que llevamos en la sangre su vida"*, le dije con voz de cariño.

-*"Quiero dormir... y no despertar nunca"*, me dijo.

-*"Duerme mami, pero vas a despertar, y ahí estaré yo cada vez que abras tus ojitos, ahí estarán los nietos por venir, ahí estará mi padre presente en ellos, para que lo recordemos por la grandeza de su legado, por los genes que nos regaló y por el amor que sembró en ti... duerme"*, le dije en una voz suave.

A pesar de que yo mismo estaba destruido, me salía como si mi mismo padre me impulsara a decir lo correcto en ese momento.

Ese hecho cambiaría inesperadamente el transcurso de mi vida.

| 4 |

Reemplazar A Mi Padre

Estaba aún tratando de resolver mi propia vida, mi propio camino, estudiando medicina, creando un propio espacio de vida ese diciembre de 1988, cuando me enfrenté a una realidad que me atropelló, que debía atender.

-"Mi padre murió sin siquiera avisar", pensaba en las palabras de mi amigo Carlos.

En el momento en que las dijo, me parecieron algo graciosas y nunca las entendí completamente hasta ese día.

Mientras avanzaba con éxito en mis materias de la universidad, también me vi en la situación del deber de hijo mayor de mi padre, del dolor de mi madre que enteramente dependía de lo que mi padre hiciera porque ella, a pesar de haber nacido en una cuna de oro, como la mayoría de las mujeres de su generación, guardaban el arte divino de cuidar del hogar mientras económicamente ellos le proveían el camino seguro para seguir haciéndolo sin distracciones.

Al mismo tiempo, mis hermanos, todos menores que yo, excepto mi hermana, para mí, en ese momento, no tenían la estructura necesaria para tomar las riendas del complejo mundo empresarial que mi padre construyó a su alrededor.

Sentía como si el peso de todo lo construido por él cayera sobre mí, como si fuera mi obligación dejar mi pasión, mi carrera médica, para recibir ese legado, que a su vez era su espíritu, la marca de su paso por nuestras vidas...

-"Por la vida".

Después de muchas conversaciones y justificaciones, logré que la escuela militar de medicina, en ese momento dirigida como decano por el doctor Antonio Rivas, que además era amigo personal de mi padre, aceptara mi solicitud de ausentarme temporalmente de los estudios sin perder el cupo que había ganado, que pudiera continuar el camino de la medicina después de volver a mi tierra a recibir de primera mano los negocios que mi padre dejó.

Viajé a Valledupar, donde se encontraba la sede principal de "Secolda", la compañía creada por mi padre y mi tío Chabeto. En el aeropuerto me esperaban mis hermanos y mi madre.

El camino a casa fue más que lúgubre; era como si empezáramos un nuevo camino, pero ya sin la luz de mi padre.

Sin embargo, en este punto debo detenerme un poco en mi relato para agradecer el acompañamiento irrestricto de Alberto Dangond, mi tío por ser casado con Eddy, hermana de mi madre, pero además, el mejor amigo de mi padre en vida, que sería en ese momento el bálsamo para no caer en momentos de debilidad.

La sabiduría de mi tío guió mi camino para conocer los secretos de los negocios de ganadería y palma africana, así como consejos sabios del manejo empresarial que debía implementar en la compañía de seguridad.

Durante esos años construimos una gran cercanía. Yo sabía que debía aprovechar cada minuto para aprender en pocos meses lo que tomó a mi padre una vida.

Las finanzas, el manejo de personal, el manejo tributario, las tácticas de seguridad para empresas, la logística… ese no era mi tema; no era lo que amaba hacer; sin embargo, entendía que no tenía muchas opciones.

Debo confesar que entre más aprendía de estos menesteres, más me gustaba; era como un talento dormido que nació por necesidad, pero que creció con satisfacción.

La vida me puso súbitamente en una situación adversa que, por la protección constante de mi padre, nunca había tenido que enfrentar.

-*"Mi padre se murió sin avisar"*, recordé nuevamente lo dicho por mi gran amigo.

Me levantaba cada día perdido en una agenda que no conocía, que no me generaba interés, para la que no estaba preparado. Me pesaba mucho sobre los hombros.

Durante muchas noches soñaba que podía hablar con mi padre y le preguntaba lo que debía hacer en ciertas situaciones; él sonreía sin hablar, como si confiara en que yo encontraría el camino.

En ocasiones abría los ojos en la mañana pensando que debía llegar temprano a la universidad, que no me había preparado para algún examen de microbiología con la doctora Carmen Morlas; lo deseaba….

-*"Pero no...".*

De la mano de personas extraordinarias que hacían parte de la empresa y que no podían esconder el inmenso cariño que tuvieron por mi padre, muchas de ellas ya retiradas, algunas todavía activas, fui aprendiendo el arte de administrar Secolda.

Cada área que aprendí me hacía entender la grandeza de ese padre, la capacidad para pensar en cada detalle, crear las condiciones, anticiparse a los acontecimientos.

-*"Qué grande eres papá"*, pensaba cada vez que entendía la compleja estructura de los negocios agropecuarios y de Secolda.

Entendí que, sin su guía desde el cielo, no habría podido tomar el control de su legado, de la compañía que nos sostenía económicamente a todos, y lo haría toda nuestra vida.

Empecé por hacerme cargo del contrato más grande que la compañía tenía… *El Cerrejón.*

Una de las situaciones más complejas era la relación de un joven estudiante de medicina con importantes ejecutivos de esta gigantesca empresa minera, para generar la confianza con base en lo ya creado por mi padre.

Para ello tuve que valerme de la imagen y apoyo irrestricto de mi tío Luis Alberto "Chabeto" y su esposa Alejandra, que debo decir que desde que anuncié que yo tomaría el control de la compañía fueron, para mí, un apoyo real y decidido, sin peros, sin quedarse con nada que pudieran enseñarme.

Es algo que siempre he llevado en mi corazón desde entonces, porque me apoyaron en el momento en que lo necesité.

Como si fuera enviado él mismo desde el cielo, entendí la operación completa, la estructura comercial, las relaciones con los clientes, la operación, el mercado disponible para nosotros, las posibilidades de crecimiento y mucho más.

Casi como de la mano de mi padre hice lo mismo con otros aspectos económicos que él desarrolló y creció… las tierras, la finca, el ganado, las siembras… todo se me empezó a aclarar en mi mente como si se tratara de una persiana que se abría frente a mis ojos para dejarme ver la claridad del día.

Una vez terminado ese proceso, decidí volver a Bogotá para terminar mi carrera médica.

Aunque organicé milimétricamente los mecanismos de comunicación y reportes mientras me encontraba lejos, sabía lo difícil que sería, pero mi mente se debatía entre la necesidad real y la de lograr el sueño que me persiguió desde la infancia de ser médico, de ayudar a seres humanos, de aliviar dolor y sufrimiento… definitivamente no renunciaría a hacerme médico; no lo consideré.

Seguir con mi carrera después de la interrupción por la muerte de mi padre fue un reto en varios aspectos, por un lado, seguir manejando los negocios con el apoyo de mis tíos, pero por otro lado, mantener el rendimiento académico que no daba tregua, para lo que tuve el apoyo de muchos de mis compañeros y amigos.

Los excelentes resultados académicos me acompañaron y logré altos puntajes en cada asignación que enfrenté. Creo que fue un orgullo para mi padre, pero más para mí mismo; lo hice por amor a la carrera médica.

Al terminar las materias, debía enfrentarme al internado, que se realiza en instituciones médicas fuera del recinto universitario y es el momento de poner en práctica todo lo aprendido.

Mi reto entonces era lograr que el internado estuviera ubicado en las cercanías de San Juan, así lograría vigilar más de cerca las labores de la empresa y de las tierras.

Sin embargo, los convenios de internado que tenía nuestra universidad no incluían ningún hospital en la zona donde estaban la empresa y las fincas, pero no claudiqué; me propuse conseguir un convenio entre la Universidad Militar y el Hospital Rosario Pumarejo de López, en Valledupar.

Después de muchas reuniones y cartas, el hospital me abrió un cupo para cursar el año de internado y la Universidad Militar, a pesar de algunas objeciones, lo aceptó.

Para ese momento no tenía a Sixta, que se convertiría más adelante en mi mayor apoyo, pero creo que mi mismo padre la acercó a mi vida para que la conociera, a sabiendas de que la decisión de a quién escoger como compañera de vida es la más importante que debía tomar. Eso lo aprendí bien.

Para cursar el año de internado, me establecí en un pequeño apartamento en Valledupar, asistía a mis labores médicas en el hospital durante el día y en las noches me reunía con los representantes de la empresa para avanzar en temas relacionados con Secolda.

Los fines de semana, cuando no debía afrontar guardias, los dedicaba a las labores de la finca.

-"Así logré graduarme como médico y cirujano".

Tanto mi madre como mis hermanos confiaban en lo que estaba haciendo; sabían que hacía lo mejor para mantener el legado de mi padre, así como la vida económica de la familia.

Después de conocer de primera mano aquello que mi padre, el mayor Henry Echeverry, el gran hombre, gran hermano, gran hijo, pero mejor padre y muchísimo mejor esposo, debo reconocer que podría pasar una vida entera y no lograría igualar su capacidad de trabajo, de entrega, de amor; no podría siquiera acercarme a su grandeza.

Todavía hoy día, ocasionalmente miro al cielo cuando me enfrento a situaciones o decisiones que tomar... lo imagino volando entre nubes, escoltado por ángeles de la guarda y le pido que me guíe, que me asesore.

Créalo o no... siempre lo hace, sin falta.

En ese punto de mi vida había tomado la decisión de continuar con una especialización en el área quirúrgica, tenía las calificaciones suficientes para hacerlo.

Pero tal vez el destino no lo tenía planeado así...

Con la muerte de mi padre también terminaría el contrato de Secolda con su mayor cliente... El Cerrejón.

Se hacía necesario un movimiento agresivo para retomar el contrato compitiendo con otras compañías de seguridad que hacían carrera en el país.

La pérdida de ese contrato sepultaría la compañía y, con ella, los ingresos de toda la familia.

La competencia por obtener el contrato fue feroz y exigente para mí, pero lo logramos. Finalmente, las ocupaciones derivadas de ese contrato y las crecientes necesidades de la finca me absorberían a tal punto que me vi forzado a desistir de mis estudios de especialización.

-"Fue difícil decir adiós a ese sueño... muy difícil".

| 5 |

Secuestro, Semana Uno

Atado de manos y pies en el piso de mi propia camioneta, es decir, la de mi hermano, donde me llevaban con una pegajosa cinta adhesiva en la boca y los ojos firmemente vendados, sentía que subíamos de altura por la Serranía del Perijá, porque me costaba trabajo ecualizar la presión en mis oídos.

En un momento de desespero por un pequeño mareo con náusea que me producía el movimiento de la camioneta, hice un intento de levantar la cabeza para cambiar de posición, pero sentí inmediatamente la culata fría de una ametralladora apoyada en mi sien que evitaba cualquier movimiento.

Mientras avanzábamos, obviamente en ascenso, el respirar se me hacía denso, pesado, difícil, no por la altura, sino por la sensación de haber caído en una trampa en la que ningún ser humano debería estar. Podía sentir la punta de lo que podría ser un arma de fuego en mi cabeza todo el tiempo.

- *"No creo que deberías ir a la finca hoy... soñé..."*, nuevamente aparecía
en mi pensamiento.

Pasaron muchas horas en esas condiciones, o quizá así lo percibí, hasta que se empezaron a sentir cambios en el terreno que el automóvil recorría, como si la carretera ya no fuera pavimentada, como si la superficie fuera de tierra y piedras.

En ocasiones la camioneta se enterraba en el barro de la trocha y algunos de los guerrilleros se debían bajar a empujarla para seguir adelante. En ese momento me dejaron levantarme del piso y pararme en la parte trasera, más cómodamente. Me quitaron de los ojos la venda y solo continué con las manos y las piernas atadas.

Yo me preciaba de ser un buen conocedor de la Sierra Nevada de Santa Marta y de la Serranía del Perijá, imponente, de un aroma que emana vida, pero que en esas condiciones se sentía como una enorme selva sin sentido.

A medida que avanzábamos en el camino, mi mente entendía, ya sin tapujos, lo que hasta ese momento no había querido…

¡Estaba secuestrado por la guerrilla comunista del ELN!

No lograba aclarar mis pensamientos; yo siempre tenía una respuesta a los problemas, a las situaciones, pero no lograba ser objetivo… *La realidad me atropellaba.*

Ya para ese momento no sabía dónde exactamente estaba, pero sabía que no importaba; no dependía ya de mí … dependía de personas a las que nunca conocí antes y, a su vez, que nunca antes me conocieron.

No sabían de mi bella esposa Sixta, de mi hija hermosa, no sabían que las dos dependían de mi para vivir, para ser felices, para aprender a caminar, no sabían de mi madre que apenas se recuperaba de la muerte de mi padre, no sabían de mis hermanos, que en ese momento también dependían de la figura de su hermano mayor para organizar sus vidas, no sabían de mis sueños por vivir, no sabían de mis amigos, que cada fin de semana me esperaban para compartir, no sabían del portero del edificio, del conductor, de Elda, de Sabina, que más que trabajadores, eran parte de mi familia, y que también dependían de alguna forma de mí…

Simplemente…. No sabían…

Conducido por uno de los guerrilleros, llegamos hasta donde finalizó la trocha carreteable, justo después de pasar por un pueblo llamado El Tablazo, nos bajamos del vehículo. Pude percibir la espesa vegetación característica del bosque tropical seco de la Serranía del Perijá.

Como de la nada, decenas de hombres y mujeres vestidos con uniforme verde oliva nos rodearon levantando con júbilo sus armas, vitoreando el éxito de la misión, como quien celebra que su equipo gana un campeonato de fútbol, como si yo fuera el objeto de una ganancia que probablemente aquellos que en ese momento vitoreaban ni siquiera disfrutarían, pero en sus cerebros marcados por la ideología marxista sin serlo, les pertenecía.

Se abrazaban y se felicitaban efusivamente.

Cómo podía sentirme yo, triste, engañado, solo, impotente y lamentablemente…

El motivo de ese festejo…

Dejando el vehículo abandonado empezamos a subir la montaña, muchos guerrilleros me acompañaban unos delante y otros atrás, yo siempre iba rodeado, entre más caminábamos, más me sentía alejado de mi vida, de la gente que quería, de Sixta, de mi hija, de mi madre, de mis hermanos, mi mente trataba de entender el momento que estaba viviendo, no estaba preparado para algo así, caminando incesantemente con un grupo de creaturas salvajes armados que probablemente tampoco entendían en su mayoría lo que hacían, solo seguían órdenes.

No entiendo la razón de haberme preocupado en ese momento por la suerte de esa camioneta, tal vez era en ese momento el único rastro de mi inesperado camino.

-"¿Qué va a pasar con la camioneta?", pregunté.

-"No se preocupe por bobadas en este momento; le informaremos a su familia para que la recoja en este punto", me respondió Patricia, como entendiendo mi preocupación.

Era obligado a caminar escoltado por los guerrilleros, que eran notablemente más habilidosos para ese menester por las dificultades del terreno, sin omitir que mi condición física no era la mejor y, aunque era obligado a apresurar el paso, mi torpeza en esas condiciones sobrepasaba mi voluntad de seguir las instrucciones.

Sentía en ese momento que mi vida iba perdiendo valor, el valor que tenía antes de entrar en esa selva, que debía seguir dando pasos en la dirección que me indicaban, sin importar el cansancio, la sed, la angustia, porque en mi cabeza, de alguna forma ingenua en los menesteres de un secuestro, sentía que si me portaba bien, tendría derecho a una llamada, una llamada que debía hacer a la persona que me esperaba esa noche, como cada noche, para dormir juntos y comentar los avances de Cristy, de los sucesos de la familia y de los planes futuros, pero también para despertar juntos y decirle cuanto la amaba, cuanto la extrañé durante todo el día...

-"Sixta".

Avanzábamos, en medio del olor penetrante del sudor de mis acompañantes, y el dolor en los pies metidos en unas botas, aunque ciertamente adecuadas para el terreno, y la vegetación se hacía más espesa, los riachuelos más fríos y menor la esperanza de que fuera una broma de mal gusto o un sueño, más lejana.

Patricia era el sobrenombre de la única mujer del grupo que caminaba justo a mi lado, armada hasta los dientes, compañera sentimental de Edwin, el líder de ese pequeño grupo.

Ella, aunque siempre preguntaba cómo me sentía y me daba amablemente instrucciones de cómo mejorar la forma de avanzar por esos caminos, mantenía su postura de vigilancia en esas primeras horas del secuestro.

Desde el mediodía en que comenzó la travesía, caminamos sin parar hasta eso de las seis de la tarde, ya con el ocaso del sol, cuando paramos al pie de un río de mediano caudal que se abría paso entre dos montañas, formando una especie de cañón que, a pesar de su majestuosa belleza, no apaciguaba mi clamor de libertad.

-*"¡Por hoy nos quedamos aquí!!!!"*, ordenó con un grito Edwin, quien comandaba el grupo.

Inmediatamente, los demás guerrilleros fueron buscando el sitio ideal entre árboles y arbustos donde colgar sus hamacas tipo militar.

-*"Hágase acá al lado mío"*, me dijo Edwin con un tono que no sonaba a invitación, mientras colgaba su hamaca del árbol más protegido del lugar.

Una vez que terminó de anudar, me miró de frente mientras yo, sentado sobre una piedra, permanecía en silencio; no sé si por prudencia o por miedo. Me atreví a preguntar en ese momento...

-*¿Por qué me secuestran?"*.

-*"Nosotros no secuestramos"*, me dijo muy serio, *"nosotros hacemos retenciones de personas ya sea por razones políticas o por razones económicas, en su caso claramente es por dinero, así que entre más rápido nos responda su familia y paguen el rescate, más breve será... unos cuantos días"*, decía ese pequeño hombre.

Difícilmente superaba los 35 años de edad y probablemente pertenecía a esa banda desde muy niño.

Mientras Edwin hablaba, mi mente no dejaba de torturarme con la situación, me sentía culpable, de haber caído dócilmente en manos de la guerrilla, culpable de ignorar las señales que lo hubieran prevenido, para ese momento sabía que iba a ser muy complicado y que había puesto en riesgo no solo mi vida sino la economía de la familia.

-"¿Cómo iban a hacer para reunir dinero para liberarme? ¿Tendrían que vender algunos o todos nuestros bienes?", pensé en ese momento.

Me sentí muy mal; no me perdonaba el sufrimiento de Sixta, de mi madre y de todos aquellos que amaba.

-"Yo soy el que maneja todo el negocio... esto no va a ser fácil...no va a ser rápido", pensé con terror.

Cada momento vivido era denigrante para mí, me custodiaban como presa peligrosa que pudiera intentar escapar en cualquier momento.

La hamaca que me entregaron despedía un olor nauseabundo a humedad guardada y sudor, olía a otras personas que probablemente fueron secuestradas antes de mí...

-"¿Qué murieron en cautiverio????", se me vino a la cabeza ese interrogante.

-"Mejor le pongo este toldo impermeable verde encima de la hamaca, por si llueve; veo nubes cargadas", me dijo Edwin.

Yo recibía las palabras muy lejanas porque mi mente estaba procesando todo, asimilando la situación y con mucha angustia sentía que debía correr, tratar de escapar, pero la imposibilidad de poder lograrlo me hacía entrar en razón y aceptar lo inevitable y llevar esta situación con sosiego.

Como si me llegara de mi padre, me calmé y logré plantearme, para el resto del difícil proceso del secuestro tres objetivos que debo nombrar en este punto.

-*"Salir con vida... ileso"*, era el primero y más importante.

-*"Reducir el impacto económico que iba a significar en mi familia y en mi propia vida"*, fue el segundo, no menos importante.

-*"Hacer de esta situación tan difícil un hecho que alimente mi fortaleza espiritual y la capacidad de mantener control aún en las situaciones difíciles... sacar el mejor provecho"*, el último, pero que hoy en día, todavía uso cuando me enfrento a nuevos retos propios de la vida.

Antes de acostarme, y a pesar de no haber comido desde aquella mañana en casa de mis abuelos con Henry y mi madre, sentí la inminente necesidad fisiológica para la cual debía usar un baño…

¿Un baño???... o lo que sea que se le pareciera.

Le pregunté con humildad a Edwin, entendiendo que ya no era dueño de mis movimientos, cómo solucionar ese detalle; él ordenó a Alberto, un guerrillero de unos 37 años de edad, alto de tez negra bastante oscura, con el rostro lleno de amargura, odio y una barba estilo chivera desaliñada, que me acompañara.

Caminamos a unos escasos veinte metros de ese lugar.

-*"Haga un agujero"*, me dijo mientras me entregaba una pequeña pala o "palín", como le llamaban ellos.

Por un momento me quedé quieto; no entendí lo que me pedía; estaba asustado; llegó a pasar por mi mente que debía hacer el agujero de mi propia tumba.

-*"Haga un hueco donde va a echar su mierda, ¿qué es lo que no entiende?",*
dijo con voz de regaño.

Yo tomé el palín y empecé a cavar un pequeño hueco en la tierra. Un tiempo después, entendería que así lo hacían para no dejar evidencia de su estadía en la zona a los militares que siempre estaban en busca de enfrentamientos con ellos en la zona.

Desde ese día en adelante, así llamaría la acción de ir al baño…

"Tengo que ir al hueco".

Ya de por sí la situación que vivía era humillante, pero el tener a este personaje a menos de un metro de distancia, con sus ojos encima de mí mientras yo intentaba tener algo de privacidad durante el simple hecho de una defecación, lo hacía todavía peor; lo hacía inhumano.

Él parecía no inmutarse, como si fuera usual vigilar a alguien mientras completaba ese momento que, otrora, era tan íntimo y privado en mi vida.

No pienso dar más detalles de ese momento porque sobrepasan cualquier historia de la miserableza humana. Una vez de vuelta al área de hamacas, todavía con el sentimiento vivo de la humillación del momento, ubiqué al comandante Edwin.

-*"Mire comandante, ustedes ya ganaron, me tienen en su poder, yo no voy a arriesgar mi vida tratando de escapar en una sierra inhóspita y que no conozco como sí la conocen ustedes, tampoco pienso poner en riesgo a mí familia en represalia a un intento mío de escape, así que tranquilo, llevaremos esto de la mejor manera hasta que lo resolvamos, pero a mí me dejan cagar solo de ahora en adelante",* le dije en tono algo jocoso.

Aunque al terminar la frase quedó un silencio que me enfriaba la piel… me arrepentí de haberlo dicho, pero era una manera de abrir puertas a mis pequeñas exigencias dentro de ese mundo en el medio de la nada.

El comandante Edwin dejó salir una risa que se debatía entre burla y sorpresa.

-*"Ja,ja... listo doctorcito, pero lo estaremos vigilando a la distancia, no sobra recordarle que hay varios cordones de seguridad, acá el que se escapa... muere".*

Al caer la noche, el cansancio me hizo su presa y, a pesar de mi deseo de no dormir por el temor de lo no conocido, no pude evitar caer profundo.

Varias veces durante esa noche desperté sudoroso mientras soñaba que Sixta me buscaba en el medio de un bosque, con mi hija de solo un año detrás de ella llamándome a gritos, pero inmediatamente volvía a dormir profundamente.

Un ruido ensordecedor de pájaros, loros, guacamayas, pero también de micos aulladores y muchos animales más, anunciaba, como si presintieran la pronta salida del sol, como si le dieran una bienvenida, que además me recordaba que lo que vivía era real, no era un simple mal sueño, no era una pesadilla.

-*"¿Cómo voy a salir de esto?"*, pensé con una sensación de ahogo que me asfixiaba, *"¿cómo podrá mi familia sacarme de esta situación sin mi guía?"*.

Me atormentaban ráfagas de pensamientos negativos que invadían el lóbulo frontal de mi cerebro y me angustiaban.

Ya asomándose tímidamente los primeros rayos de sol a eso de las cinco y treinta de la mañana, Luciano, un guerrillero que nos acompañaba, se acercó a mí con una pequeña grabadora que reproducía a través de un cassette, música vallenata que yo nunca antes había escuchado.

No tuve opción diferente que oír aquellas letras que sorpresivamente hablaban, sin tapujos de bondades de la actividad subversiva, reconocimiento a los caídos en combate y figuras sobresalientes de esas organizaciones.

Al ver que lo escuchaba, me extendió la mano como entregándome la grabadora en señal de que quería que yo lo escuchara con atención.

-*"Este es nuestro Diomedes Díaz... se llama Julián Conrado, le llaman el cantante de las FARC y es famoso... ha grabado varios discos"*, me dijo con orgullo.

Habiendo nacido en tierra vallenata, escuché las grabaciones, y aunque tenía buena voz, y sus canciones buen ritmo, me resultaba desagradable oír aquellas letras y mensajes de un género musical que había sido creado para expresar amor, desamor, esperanza, sentimientos, pero nunca para divulgar odio y división entre colombianos.

Observaba la situación sin moverme, sin hablar, cuando una guerrillera de piel blanca se me acercaba con una taza que parecía hecha de aluminio, que dejaba salir por su superficie el humeante aroma del café.

Para ese momento ya cumplía más de 24 horas desde mi último bocado en casa de mi abuelo, que ahora empezaba a extrañar.

Blanca, como la llamé desde ese día, me extendió ese café con cierta empatía, pero con la rudeza propia de la mujer santandereana.

-*"¿Cómo pasó la noche señor?"*, me preguntó.

Era café negro que parecía demasiado endulzado con panela, y tan caliente que lo bebí en pequeños sorbos para evitar quemar los labios o la lengua.

-*"Dormí más o menos bien gracias, señorita"*, le respondí tratando de ser amable.

La identifiqué como quien probablemente sería la encargada de la alimentación en el lugar. Yo sentía hambre en ese momento.

Mientras tomaba ese café, intentaba inspeccionar el terreno en que estábamos, la gente que me acompañaba, como vestían, como se comportaban los unos con los otros, quien sería un potencial aliado, quien sería el adecuado para hablar y obtener información que me sirviera en cualquier momento para obtener prebendas, comodidades que necesitaría, porque las cosas más sencillas ahora se hacían importantes, mantas para arroparme, un caramelo, una simple goma de mascar, un lapicero para escribir, una hoja de papel, todo tenía que conseguirlo con astucia y sin despertar suspicacias, y a la vez debía ganarme la confianza de esas personas que, aunque fuera de ese ámbito no tendrían relevancia... se convertían en mi forma de sobrevivir porque...

-*"Morir no es una opción"*, pensé con algo de nostalgia.

| 6 |

Secuestro, Semana Dos

Habían pasado más de 24 horas desde mi secuestro, ya para ese momento, la esperanza de que todo fuera un error, algo pasajero, se desvanecía.

Como es habitual en mí, empecé a socializar con ellos y a conocerlos.Edwin, el mayor de todos y jefe del grupo que me cuidaba, de baja estatura, tez blanca, de acento santandereano.

Patricia, su compañera sentimental, muy joven, de escasos 19 a 20 años, delgada, de cabello lacio castaño oscuro, con frenillos en los dientes, muy suave y amable en su trato, con acento vallenato marcado. Jovani, probablemente el más joven del grupo, siempre alegre y juguetón. Fabián, barranquillero menor de 22 años, alto, el más sereno del grupo, atento y considerado conmigo. Luciano, el más torpe y lento de pensamiento, de acento típico del interior del país, ingenuo y de muy escaso léxico. Alberto, alto, de tez muy oscura, con chivera desordenada, cabello estilo afro. Eduardo, procedente del interior del país, blanco, joven, a quien recordaría siempre como *"Scarface"*, por la extensa cicatriz en su cara. Y Cristian, de piel morena clara, cabello lacio de facciones indígenas.

El promedio de edad del grupo estaría entre unos 20 a 22 años.

El desayuno servido en hojas de plátano era precisamente tajadas de plátano con queso blanco, no estaba mal, y, aunque no era un desayuno al que estuviese acostumbrado, me cayó bien.

Edwin me informó que estaba secuestrado por el UCELN (Unión Camilista Ejército de Liberación Nacional), columna Luciano Ariza, llamada así en reconocimiento a un guerrillero dado de baja por el ejército nacional en Barranquilla en el año 1991.

Este grupo o columna específica, pertenecía al frente Manuel Martínez Quiroz, que operaba en el nororiente colombiano departamentos de Santander, Cesar y Guajira.

Nos quedamos en ese lugar por tres días y tres noches. El domingo, que era día de las madres, me entregaron un uniforme igual al de ellos, quedándome con mis propias botas. Alguno de los guerrilleros se quedó con mi ropa de "*civil*" que desapareció de mi vista sin dejar rastro; también mantuve el cinturón para evitar que el pantalón se bajara de mi cintura al caminar.

Parece mentira, pero en cautiverio cada prebenda recibida era como un regalo de la vida; creo que empezaba a aparecer mi transformación psicológica.

Pronto entendí que esa ropa no era una muestra de cordialidad conmigo; era una forma de advertir que si hubiera un intento de liberación por las armas por parte del ejército o algún grupo armado contratado por la familia… sería difícil evitar que yo fuera uno de los primeros en recibir balas en mi cuerpo, por la falta de entrenamiento, pero también porque no tenía un fusil conmigo para defenderme.

Esa noche Edwin, en un gesto amable, me entregó un pequeño radio transistor marca Sony, para que me entretuviera. Se transmitía en ese momento el partido que Junior, el equipo de Barranquilla, jugaba contra el Deportivo Cali, ganando con marcador de tres a cero.

Definitivamente, el que mi equipo, Junior, ganara ese día fue una pequeña motivación y entretención en medio de mis angustias. Esa noche terminó sin mayor sobresalto. Aunque parecía insignificante, ese pequeño radio se convertiría más adelante en protagonista durante mi secuestro.

Temprano, en la mañana, iniciamos nuevamente la caminata subiendo aún más la serranía, durante muchas horas que no conté porque ya empezaba a sentir que el tiempo ahí no tenía un valor, el verdor del terreno no me dejaba captar en qué lugar me encontraba, y después de dar tantos pasos en medio del cansancio, no tenía sentido...

Nada tenía sentido en ese momento.

Recuerdo que cada vez que la espesa vegetación me dejaba ver algo de claridad, sentía ganas de parar, de negarme a continuar; los pies me lo pedían, sin contar que yo no era precisamente un deportista nato; mis piernas cortas y gruesas no habían sido entrenadas para esos menesteres.

Si me negara a seguir caminando, podría entrar en una situación que ese grupo conocía como *"desacato"*, cuyas consecuencias no conocía, pero imaginaba que no me convendría si en algún momento necesitara de su *"buena fe"*.

-"Debo seguir, olvídate del cansancio, debo seguir", pensaba en silencio con cierta desesperanza en mi corazón.

No sé por qué razón, pero durante las caminatas largas y asfixiantes, no pensaba en mi familia, en mi vida anterior; quizá mi mente se ocupaba de enfocarse en el momento.

Era razonable porque, aunque hasta ese momento no habíamos tenido enfrentamientos con el ejército, los comentarios entre ellos acerca de la posible presencia de los "Chulos", me hacían pensar que podíamos encontrarlos *"pronto"*.

Tal vez ha sido la única etapa de mi vida en la que prefería que no aparecieran frente a nosotros, que no nos encontraran.

En un punto de la caminata llegamos a una pequeña finca, donde fueron bien recibidos por los campesinos que ofrecieron gallina y yuca para el almuerzo, y, a pesar de que la gallina estaba muy dura, la comí con algo de desgano, guiado más por el largo tiempo sin comer ese día.

Al terminar, tomaron una mula y, antes de subirme en ella, me vendaron los ojos con un trapo rojo que usan en el cuello como parte de su uniforme.

Aunque este trapo olía a diablos, hice un esfuerzo por soportarlo, y ya en la mula me ofrecieron una gorra verde, pero, pensando en ese olor de sudor repetido que tendría, les insistí mejor usar un sombrero de paja que había visto en el rancho y así lo aceptaron.

Salimos del lugar, todos caminando excepto yo, que iba en la mula con los ojos vendados, llevada del cabresto por Patricia.

De alguna forma entendí que la venda y el sombrero evitaban que yo fuera reconocido por los habitantes durante el paso por la vereda próxima, por si el ejército hacía preguntas.

Al asomarse el crepúsculo, llegamos a una casa rural de techos de zinc metálicos y paredes de barro donde nos esperaban otros guerrilleros, evidentemente de mayor jerarquía no solo por el saludo sumiso de Edwin, sino también por la apariencia de sus uniformes más nuevos con parches en los brazos en los que se leía "UCELN".

Debí esperar a unos cincuenta metros de la casa del encuentro, donde me colgaron una hamaca, vigilada por Patricia y otros tres guerrilleros más.

Durante ese tiempo Edwin se reunía con los que esperaban en el lugar.

Mientras esperábamos, Patricia sacó de su morral, una pequeña tablita con fichas de madera talladas artesanalmente por ella misma que simulaba un popular juego de mesa llamado *"damas"*, que jugamos mientras pasaba el tiempo.

El motivo de esa reunión no me dejaba concentrar en el juego; Patricia y los muchachos me ganaban fácilmente y se burlaban de mi torpeza en ese juego, mientras al fondo escuchaba música de un radio.

Después de una larga hora, se acercaban a mí Edwin con dos nuevos guerrilleros… Emel y Ardila.

Emel, más veterano, con acento del interior, y Ardila, un joven costeño musculoso, de ojos color miel y bien parecido.   En ese momento, Edwin puso una grabadora de cassette enfrente de mí y oprimió los botones de grabación…

-*"Describa todos los bienes que posea su familia; le advierto que no mienta, esa información ya la tenemos, solo queremos corroborar"*, me dijo.

Yo les mencioné algunas de las fincas, pero sin mayores explicaciones del número de hectáreas y les dije que todo el ganado que teníamos estaba en participación con otros socios.

En especial, mencioné también las deudas bancarias que en el momento de mi secuestro poseía en lo personal, pero también como empresa familiar.

-*"Deme los nombres de los socios que participan con el ganado"*, me exigió.

-*"Yo no manejo ese aspecto de nuestros negocios; eso lo maneja exclusivamente mi madre"*, le dije con voz poco creíble.

Edwin obviamente no creyó eso, pero entendió que yo no era capaz de entregar nombres de personas que obviamente serían después extorsionadas o secuestradas.

Al finalizar esta entrevista, me invitaron a la casa donde se desarrolló la reunión. Entré con el temor de que sería el lugar donde estaría encadenado, como se mostraba en los noticieros de otros secuestrados en Colombia.

Al entrar se puso de pie un guerrillero y me saludó...

-*"Soy Milton, jefe máximo del Frente guerrillero Manuel Martínez Queiroz del Ejército de Liberación Nacional, ELN, como ya lo sabe usted está retenido con fines económicos y necesitamos comunicarnos con un familiar suyo para llegar a un acuerdo y poder liberarlo"*, me dijo aquel hombre.

Milton era de una estatura promedio, delgado, bien parecido y de uniforme impecable, y, además, con la autoridad que le daban más de cinco diferentes armas que le pude contar en su cuerpo.

-*"Usted sabe quién soy, Luis Fernando Echeverry, médico y padre de familia"*, le dije como tratando de resaltar mis cualidades que generaran empatía.

Él sonrió sin señal de haber entendido el mensaje.

Durante la siguiente media hora o tal vez 45 minutos, tuve que oír una cátedra completa y mal aprendida de sus tesis marxistas-leninistas, el sueño comunista de ellos y sus metas para lograr llegar al poder.

-*"Comandante, no perdamos el tiempo en eso; soy de una personalidad más práctica; el tema es el dinero; hablemos de eso para solucionarlo rápido..."*, le dije.

Guardé unos segundos de silencio para analizar la reacción.

-*"Mmmmm"*, hacía el comandante con sus labios cerrados, pero noté una señal de agrado en su cara.

-*"Ustedes gastarían más dinero y tiempo de su personal manteniéndome acá, que si negociamos rápido"*, seguí diciendo, *"la situación está complicada porque soy yo quien tiene el manejo de las finanzas de mi familia, casi que yo sería la persona para negociar, porque no hay otra persona capacitada ni autorizada en ningún banco para retirar esos montos de dinero, que, como usted sabe sería ilegal moverlos y mucho menos para un grupo guerrillero"*.

Otra vez guardé silencio para analizar en qué terreno me movía.

-*"¡NO!!!"*, dijo tajantemente, *"por norma de la organización, no se negocia con el retenido, querido doctor"*, terminó.

-*"Sería más práctico comandante, ¿no le parece?"*, le dije con una sonrisa que abría las puertas.

-*"A veces los verriondos retenidos por salir prometen cosas que no van a cumplir y después vienen los problemas de tener que encontrarlos otra vez para aplicarles la ley guerrillera de desacato que implica muerte con o sin tortura del implicado o su familia; eso sí es costoso doctorcito"*, dijo el comandante con mucha seguridad.

Mientras él hablaba, yo trataba de pensar en mi siguiente movimiento; debía negociar en desigualdad de condiciones y además tratar de no involucrar a mi familia.

-*"La verdad es que el secuestrado debía ser su hermano Henry"*, me confesó.

Su cara ya, para ese momento, empezaba a denotar familiaridad, empatía, aunque no mostró ánimo de cambiar la posición en cuanto al tema.

-*"Dígame con quién negociamos y queda el tema cerrado".*

Le di el contacto de mi hermano Henry; era la única persona después de mí, que conocía los negocios de la familia.

Henry era muy joven, aunque ya se había casado, después de un inesperado embarazo con una hermosa niña sanjuanera.

Yo sentía que podría ayudarme en esa situación; él me había acompañado en las actividades agropecuarias de los negocios y, aunque no manejaba otras áreas que yo mismo estaba tratando de entender y desarrollar, sabía que él haría lo mejor por mí... nos amábamos, nos cuidábamos mutuamente, éramos verdaderos hermanos.

Después de sugerirlo, sentí cierto temor, porque no quería que él corriera ningún riesgo, aunque fuera por mí... no me lo perdonaría.

-*"Listo, lo contactaremos"*, me dijo.

-*"Espere un momento Milton"*, le dije antes de retirarse.

Él detuvo su marcha y me miró como escuchándome atento.

-*"Una petición... así como ustedes tienen nombres falsos o alias, a partir de hoy, llámenme Fidel, ese puede ser mi seudónimo, ya tengo el uniforme que ustedes usan también..."*

No me dejó seguir la frase haciendo un gesto con la mano para que no siguiera hablando.

-*"¿Algo más doctor?"*, me preguntó.

Pretendía disimularlo, pero podía ver que le gustó la idea; se sentía identificado con ella.

-*"Si Milton, por favor, no me digan cada día aquello de que mi familia no me quiere, que me abandonaron y se niegan a pagar; si hay algo claro es que vamos a pagar, solo hay que definir cuándo y cómo, ¿le parece?"*, le dije.

-"Jajajaja, me salió comandante el doctor, no se preocupe, no hay problema... mientras paguen de verdad...", terminó diciendo Milton.

Mientras hablaba, salía con dos de los guerrilleros que fungían como sus guardaespaldas.

En un gesto que pretendía amabilidad, Milton me autorizó a escribir una carta a mi familia, que haría llegar al contactarse con Henry para la negociación. Me dio una hoja de papel y un lapicero y me dispuse a escribir.

Esa era la primera carta... la primera oportunidad de comunicarme con mi mundo, con la gente que amo.

Mientras mi mano escribía solo el saludo inicial, mis ojos dejaban derramar lágrimas que no cesaban, no sabía si expresar mi rabia, la decepción conmigo mismo por encontrarme en esa situación y el riesgo económico que causaba para todos o... simplemente, como lo deseaba Milton... que estaba bien de salud, que me trataban bien, que buscaran una pronta solución a esta situación, en fin, hice una carta más para los guerrilleros que para mi familia.

En realidad, no quería presionar a mi hermano Henry a tomar decisiones apresuradas, pero entendía que debía *"jugar ese juego"*.

Me abstuve de escribir asuntos íntimos o personales para evitar mostrarme frágil y no entregar herramientas de chantaje. Milton tomó la carta, se montó con otros en una camioneta Toyota y salió hacia un rumbo desconocido.

Mientras sentía que esa camioneta se alejaba, yo entendía que la posibilidad de lograr liberarme de esa pesadilla también se alejaba; Milton era tal vez lo más cercano que tenía para resolver mi situación.

Por varios minutos, mi mente permaneció en blanco, no puedo precisar lo que pasaba por ella.

Al poco tiempo, se acercó Edwin con Patricia.

-"Bueno Fidel, hasta aquí lo acompañamos, a partir de hoy queda bajo el cuidado de Emel y Ardila", me dijo.

Aunque parezca raro, sentí angustia, ya me había acostumbrado a la suavidad de Patricia y el buen trato de Edwin, empezar con carceleros nuevos era todo un suceso para mí.

Eso me obligaba a replantear la estrategia para las necesidades primarias de la vida en cautiverio, pero dependería de mis nuevos carceleros.

Con ellos llegaron Nidia, una Santandereana joven y bonita, agraciada y de buen cuerpo, y Daisy, una joven morena con rasgos indígenas, también se unió al grupo Bernardo, otro santandereano.

Para mí fue difícil despedirme de Edwin y Patricia, pero debía hacerme a la idea de que estos cambios se estarían presentando frecuentemente, que no debía aferrarme a ninguno de ellos.

También ese día me entregaron un maletín que había dejado Milton, con dos pantalones, tres calzoncillos y dos camisas de cuadros, unas chancletas y objetos de aseo personales, un cepillo de dientes, un cepillo de cabeza, una peinilla, desodorante, jabón y champú.

-"Hoy es el día de las madres", pensé.

Esa fecha me hacía pensar, llenándome de cierta nostalgia, de impotencia, de una rabia que no podía expresar.

Las horas pasaban y yo imaginaba a Sixta con Cris, a mi madre, a mis tías, a todas las madres a las que hubiera querido llamar y felicitar en su día.

-"¿Sabrán lo que me pasó?, ¿estarán buscándome?, ¿tristes?, ¿desesperadas por saber algo de mí?".

Esas preguntas merodeaban rumiantes mi pensamiento sin cesar.

Para ese momento probablemente ya sabían lo que sucedía y qué grupo me había secuestrado...

"Retenido", como la guerrilla lo llamaba.

-"¿Qué viene ahora?, ¿qué va a pasar hoy, mañana... en una semana...?", me preguntaba a mí mismo.

Me di cuenta de que darle un regalo en el día de las madres a Sixta o a mi madre era un privilegio que había perdido, estar ahí para ellas cada día era lo importante, en eso debía concentrar mis esfuerzos.

-"Les prometo que voy a salir bien de esto y voy a estar con ustedes todas sus vidas hasta que Dios me lo permita, no por voluntad de estos delincuentes", decía para mí mismo, como si me escucharan.

Sentía como si estuviera hablando para ellas, con la esperanza de que ellas sintieran lo que mi corazón sentía.

-"Morir en este sitio, alejado de los míos y por voluntad de un puñado de delincuentes, no es una opción", pensaba. Eso me daba una especie de aire para aclarar mi mente y no sucumbir ante la realidad de perder la libertad, la dignidad.

-"Mamá, si me puedes oír, yo voy a estar bien, sé que estas triste, sé que has llorado, mi corazón lo siente, pero me conoces, me diste la vida, me criaste, me acompañaste en el camino de la vida... yo voy a estar bien, nos volvere-

mos a encontrar y seguiré cuidando de tí, como te lo prometí desde la muerte de mi padre", repetía varias veces para mí mismo.

Tenía la sensación de que una energía invisible, quizá la energía del amor o la energía incomparable del cariño, le llevaría el mensaje al corazón seguramente entristecido de mi madre.

Esa noche fue de nostalgia... mucha.

| 7 |

San Juan Durante el Secuestro

Unos días después de mi secuestro, mientras yo era alejado por ese grupo guerrillero, camino a la Serranía del Perijá, Sixta se mudó a San Juan con Cris.

No lo hacía porque quisiera; en realidad prefería estar sola en medio de una crisis de ansiedad y depresión que la noticia de mi secuestro produjo en esa mujer con la ilusión de recién casada y una hija apenas conociendo el mundo.

Ella sentía a diario la presión de muchas personas que preguntaban, casi sin fe en que yo volvería, y, en ocasiones, saludando en tono de quien asiste a un velorio, la tristeza la envolvía y revivía con cada saludo.

Sixta se enteró el mismo día en que ocurrió el secuestro y, aunque ella había oído historias de estos hechos en Colombia, sentía, con algo de negación, que eso no podía estar ocurriendo, o que tal vez sería algo pasajero, rápido… pero los días que pasaron sin más noticias le hicieron entender que la realidad superaba cualquier esperanza.

Ella miraba a Cris tratando de no hacer notar en ella la angustia que mi secuestro le producía… que no sufriera.

Varias reuniones de mi familia íntima ocurrieron; se discutía cómo se negociaría mi liberación.

-"Luisfer me asignó a mí para negociar el secuestro", dijo Henry en una de esas reuniones.

Esto sucedió después de la primera comunicación de la guerrilla con la familia, a unos veinte días de iniciar mi secuestro.

Para ese momento, a través de una ley *"antisecuestro"*, las cuentas bancarias, tanto personales como empresariales, ya habían sido bloqueadas e intervenidas.

Para algunos, esta ley era injusta e innecesaria. Para el gobierno, era una forma de evitar que los dineros llegaran a cualquier grupo ilegal.

Esto hacía muy difícil mover dineros para una posible negociación con la guerrilla.

-"¿Cuánto dinero están pidiendo?", preguntó Sixta.

Ella sentía que debía conocer cada detalle de primera mano, pero así lo sentían todos en la familia. No había un orden específico en esas conversaciones.

-"Mil...", respondió Henry, algo parco.

-"¿Mil... qué?", preguntó presurosa Gloria Lucía, mi hermana.

-"Mil millones de pesos", terminó Henry.

Mil millones de pesos representarían aproximadamente un millón de dólares en esa época, es decir, unos 4 mil millones de pesos hoy día.

Sixta sintió que el mundo se derrumbaba frente a ella; nunca había oído hablar de un monto semejante de dinero; la impresión del momento produjo en ella una caída de la presión arterial y sudoración profusa; se desmayaba enfrente de todos.

Henry detuvo su caída evitando consecuencias mayores y, una vez recostada, se recuperó de sus síntomas, pero no de su dolor por mi situación.

-*"Tranquila Sixta, yo esperaba algo así; vamos a ofrecer también algo absurdo; todos los expertos en el tema aconsejan que no nos debemos desesperar"*, dijo Henry.

Después de varias reuniones, ante la imposibilidad de disponer de ese dinero, las opciones empezaron a salir a flote...

-*"Tenemos que vender la finca para obtener el dinero"*, dijo Henry.

-*"¡Nooo, la finca de mi padre no, él la adoraba, no por favor, reunamos dinero en otras formas, la finca nooooo...!!!!"*, gritaba Gloria Lucía con angustia.

Era entendible: después de la muerte de mi padre, Gloria Lucía, su consentida, percibía la finca como una muestra de su presencia, un legado para recordarlo para siempre, para compartir con sus nietos, que lo conocieran a través de esas tierras.

Hoy puedo imaginar que Sixta habría pensado que no importaba la finca al lado de mi vida, pero en medio de la confusión, cada uno tenía opiniones que podían no ser acordes con las de los otros. Además, entendía que en temas de dinero ella no iba a influir porque sencillamente no eran de su manejo; lo que esperaba era una solución pronta de la situación.

Pasaron muchos días antes de tener nuevamente la oportunidad de comunicar a la guerrilla las posibilidades de pago que tenía la familia, que ciertamente diferían mucho de sus pretensiones.

La presión psicológica crecía cada día que pasaba sin noticias de la guerrilla para lograr una reunión que se prestara para negociar una posible liberación, pero esa era una conocida estrategia de la guerrilla, porque para ellos no era importante la vida de las personas, solo el dinero que pudieran colectar.

Sixta se encargaba de evitar que Cristy se enterara de lo que en realidad ocurría conmigo.

-*"Tu papá no está ahora acá porque está en un viaje muy largo pero que todos los días piensa en ti, va a volver tan pronto pueda"*, le decía con cariño muchas veces.

Cris solo guardaba silencio.

Dos o tres semanas después, Sixta recibió la noticia de una segunda reunión de Henry con los representantes de la guerrilla en un lugar de la Serranía del Perijá, más allá de la población de Codazzi, lejos del sitio de mi secuestro.

Ella esperó con paciencia la llegada de Henry para conocer los pormenores de esa reunión; fue un día de mucha tensión.

Al bajarse de la camioneta, en el lugar del encuentro, donde debió ir solo, Henry esperó en el sitio exacto donde fue citado.

En su mente él no quería fallar en negociar rápidamente mi liberación, tenía la esperanza de traerme con él de vuelta, pero sencillamente, ni siquiera si hubiera pagado ese día, yo hubiera sido liberado, fue una lección dura para él, una lección de paciencia y tolerancia a la frustración.

Llegaron los guerrilleros con actitud de quienes son dueños del negocio y se sentaron en unas pequeñas piedras de un campamento improvisado. Hacía algo de frío y la humedad se sentía en los huesos.

-*"¿Trajo la plata completa Henry?"*, preguntó directamente el vocero de la guerrilla.

-*"Hombre, hemos tratado de colectar lo más que hemos podido porque las cuentas están congeladas y no hay mucho efectivo"*, dijo Henry tartamudeante.

Le tambaleaba la voz, y todavía le ocurre cuando se encuentra ansioso o estresado.

-*"¿Cuánto recogió?"*.

-*"Di...di...diez millones"*, respondió Henry.

-*"Váyase de acá antes de que lo matemos por payaso; a nosotros no nos falte el respeto"*, dijo el guerrillero a mi hermano.

La forma como lo trató no dejó espacio para debatir o renegociar. Él simplemente fue guiado a su camioneta para salir de vuelta por donde vino...

-*"Sin mí"*.

De regreso en la casa de mi abuelo, Henry sentía cierta frustración. Hasta ese momento, en su cabeza existía la posibilidad real de lograr mi liberación.

Ese día le dejó claro que no sería tan fácil, pero por otro lado sabía que debía intentar negociar el mejor trato para reducir la cantidad, así como le recomendaban personas que antes ya habían hecho este tipo de negociación, pero se sintió bien con el hecho de transmitir a los secuestradores que nunca podrían llegar a reunir la cantidad exigida.

Pasaron varios días en los que Henry se preparó con una cantidad mayor de dinero para ofrecer; debía esperar fecha y hora posibles para volver a comunicarse con la guerrilla. Solo dependía de ellos.

Veinte días después, fue citado nuevamente en un sitio de la Serranía del Perijá para entregar el monto que se le había pedido para liberarme; le advirtieron que fuera solo.

Para ello, él pidió a mi tío Gonzalo su vehículo, un campero Nissan color azul con franja blanca, para despistar a las autoridades que podrían estar siguiendo sus pasos y entorpecer la negociación.

Esta vez, ni siquiera lo dejaron bajar del auto; el guerrillero enviado para el motivo se acercó a la ventana.

-*"¿Cuánto trajo?"*, le preguntó con algo de desprecio.

-*"Pudimos conseguir 30 millones"*, respondió Henry y quedó en espera de la respuesta.

Él realmente confiaba en lograr ablandar a esa persona.

-*"Es decir... usted consigue un millón por día... que vergajo, entonces vuelva en 3 años que a ese paso sería cuando ya ha reunido los mil millones, se salva que estoy de buen genio hoy, porque estoy que le meto una pepa en una pierna para que no sea tan irrespetuoso... ¿cree que acá estamos pidiendo limosna?"* le dijo en tono de amenaza.

Ese día los guerrilleros le escribieron un documento donde Henry autorizaba a la organización a "*acabar con la vida*" mía, bajo la premisa de que no habían querido cancelar la totalidad del monto exigido para mi liberación. No fue una petición… fue una orden.

Ese documento, además, convertía a nuestra familia en "*objetivo militar*".

No tuvo más remedio que alejarse sin siquiera musitar palabra y sin mirar atrás.

Henry volvió a San Juan destrozado. Sentía que le había defraudado a su hermano; le dolía el corazón pensar que yo estaba esperando el resultado de lo que estaba haciendo, pero más que sentir haberme fallado.

A él le angustiaba tener que dar estas noticias a Sixta y a mi madre, que con ansiedad lo esperaban de regreso; se le partía el corazón al ver la cara de angustia y desesperanza en ellas.

Los días y las semanas pasaron sin lograr nueva comunicación.

En las semanas siguientes, toda la familia, así como Henry, se reunía con personas que habían tenido experiencia en este tipo de negociaciones y compartían las experiencias para lograr llevar con éxito ese complicado proceso.

Los días en San Juan transcurrían llenos de angustias por la incertidumbre del proceso y las rutinas para entretener a Cristy en los patios de la casa o sacarla a pasear en el coche por el parque de la plaza.

También se volvió costumbre caminar con ella hasta la única panadería que existía en el pueblo, donde vendían un pan llamado "panocha" que era de su preferencia.

Para ese momento Sixta había perdido mucho peso y se sentía enferma; la angustia le causaba anorexia. Sin embargo, hacía un gran esfuerzo por cuidar su salud para mi hija y para un eventual reencuentro conmigo.

| 8 |

Secuestro, Semana Cuatro

Después de tres o cuatro semanas en esa selva que obviamente para mí era en algún lugar de la Serranía del Perijá, por más que intentaba mantener cierta noción de mi ubicación, ya no lo lograba.

La vegetación se hacía cada vez más densa; los días lluviosos y oscuros me nublaban la mente, pero más que eso, la impotencia de no tener el control de mis propios movimientos.

Para esos días, empecé a entender que cualquier deseo de despertar cada mañana y ver los hermosos ojos de mi esposa, cualquier sueño de darle un beso a Cris, mi hija amada, de verla crecer, de abrazar a mi madre ya suficientemente devastada por la muerte de mi padre, de recibir de Elda un café caliente como solo ella lo sabía preparar para mí, de disfrutar de la posibilidad de seguir de cerca el crecimiento personal de mis hermanos, de estar presente para los posibles sobrinos por llegar, de poner flores en la tumba solitaria de mi padre, cualquier posibilidad de vida…

Dependía de esos extraños que decidían en qué momento yo debía levantarme, acostarme, ir al baño, cómo debía vestirme y cuándo hablar.

Nunca podría olvidarlo de ahí en adelante, porque cada día Alberto, mi carcelero en el momento, sin falta, me recordaba, a pesar de haberle pedido las mismas veces que no lo hiciera…

-"Su familia no lo quiere, no están haciendo lo que se les pide, no quieren pagar por usted", decía.

Un acento del interior que, con el transcurrir de los días, se sentía un poco más familiar para mí, tal vez porque en ese momento era la única persona que me llevaba a su lado como quien lleva a su perro para que no cruce la calle sin ser autorizado.

Algunas de las cosas más sencillas, como afeitarse todos los días, lavarse los dientes, verse en un espejo, escoger la ropa que te pones en la mañana, empezaron a volverse poco importantes, no porque no quisiera hacerlo, sino que todo eso fue reemplazado por la necesidad de sobrevivir…

-"De mantenerme en pie".

Literalmente, mantenerme en pie, aunque sé que podría sonar absurdo, no es absurdo para los que hemos vivido esta atrocidad llamada secuestro.

Si en algún momento no hubiera podido caminar con la tropa de guerrilleros, podría ser muy factible que hubiera sido más sencillo eliminarme, enterrar mi cuerpo o desaparecerlo y seguir cobrando por mi liberación, aunque ya no existiera, como había sucedido a otros.

-"Debía mantenerme en pie; no había opción".

Decidí entonces empezar un pequeño diario, para lo que tuve que pedir autorización a mis secuestradores, diciendo que me servía para mantenerme sereno y enfocado, lo que era cierto, pero también lo hacía como una forma de describir los lugares por donde pasábamos, mayormente un intento de mantener mi cuerpo ubicado en lo posible.

-¿Ubicado?

Ubicado literalmente, porque si en algún momento moría dentro de ese horrible cautiverio, esa sería la única forma en que dependiera de mí mismo, de dar coordenadas de la última ubicación de mis restos.

No resistía la idea de que moriría y mi cuerpo frío y lleno de gusanos estuviera en cualquier lugar de esa selva solo. La sola idea me causaba escalofríos.

Frecuentemente nos movíamos en direcciones diferentes que yo no lograba reconocer. En algunos momentos teníamos humedad fría que llegaba a mis huesos; me enfermaba.

Quería llorar como un niño, pero realmente por alguna razón que nunca entendí, perdí la capacidad de llorar.

Ahora pienso que mi mente práctica y racional lo sentía inoficioso, como si no debiera malgastar mis energías en eso, y más bien enfocarme en lograr mi liberación…

-"¡Negociada o no!".

Mi primer baño completo lo tuve a unas semanas de estar en cautiverio; me llevaron a una quebrada de agua muy limpia y helada, alrededor de las 10:00 a.m. de un día soleado y caluroso.

Una pequeña cascada formaba, al caer un pozo de mediana profundidad que me dejaba sumergir bajo el agua por varios segundos, como escapando de lo que había en la superficie.

Fue una sensación maravillosa, me enjaboné el cuerpo y lavé mi cabeza con champú abundante como queriéndome quitar los malos espíritus y los momentos angustiosos vividos.

Seguía con mis ojos el jabón y el champú mientras se desvanecían en el agua, como queriéndome desvanecer con ellos. Estuve más de media hora en esta actividad, lo que extrañó a los guerrilleros, que jocosamente decían hacer *"baños de pato"*, por el poco tiempo que dedicaban a ello.

Después del baño, usé ropa limpia; eso me dio un aire de frescura y empecé a organizar la escritura de mi diario.

Debí pensar en el título de mi diario; debía ser un nombre que me recordara que, aunque no estuviera en posición de lograr liberarme, ver a mi esposa o a mi hija, compartir con mis hermanos o simplemente ir a la esquina a comerme una empanada con Kola Román, sí debía sobrevivir para hacerlo más adelante.

-*"Morir en este sitio no es una opción"*, pensé.

Ese título me recordaría cada día la razón por la cual obedecer a mis captores, caminar largas jornadas sin decaer, alimentarme con los pocos nutrientes que ellos me ofrecieran, hidratarme, evitar lesionar mis tobillos o rodillas, pero sobre todo...

-*"Mantener mi mente sana"*.

Para ese momento había dos hechos importantes que me daban cierta ventaja. Por un lado, me había dado cuenta de que ellos sabían que yo era médico y, por otro lado, ya había notado que mi inteligencia sobrepasaba con creces la de mis captores inmediatos.

Me propuse usar esas dos únicas ventajas para planificar la forma de salir de esa situación que amenazaba mi vida y la de mi familia...   y así lo hice.

Una de esas noches en que la luna se dejó ver entre las nubes, mientras me encontraba sentado en unas pequeñas piedras cerca de un arroyo donde acampamos por dos a tres días, escuché una conversación casual entre dos de mis vigilantes.

-"Oiga comando, mi cucha anda con un dolor en la frente desde hace varios días, con fiebre y el cuerpo cortado, no le he podido mandar la platica para que vaya al médico, présteme una lanita para mandarle y se lo pago después".

Encontré la oportunidad que esperé durante todo ese periplo y no la desaproveché…

-"Eso es sinusitis hermano", le dije con la autoridad que me daba el ser médico.

Lo dije y después guardé silencio… ya había lanzado un anzuelo con una carnada atractiva, solo tenía que esperar que lo mordieran.

-"¿Usted cree?, ¿es que acaso es médico?", preguntó alias "Nano", de quien nunca supe su nombre real.

-"Soy médico y cirujano, al menos eso dice mi título, jajaja", le dije en forma de broma.

Trataba de romper la barrera entre su misión de cuidarme con armas de fuego de por medio y la mía de hacer todo lo que se me dijera.

-"¿Qué le compro a mi mami Fidel?", me preguntó.

Ese hombre probablemente nunca había conocido un verdadero médico en su vida.

-"Creo que lo mejor sería Amoxicilina 500 miligramos tres veces al día por cinco días, Loratadina 10 miligramos al día, Acetaminofén si tiene fiebre y

gotas nasales de solución salina", le dije con la convicción del conocimiento.

Empecé mi estrategia para ganar la confianza de estos muchachos día a día. Ya había notado que su nivel cultural y social era muy bajo y no habían tenido oportunidad escolar.

-"¿Cómo podrían estos muchachos salir adelante y evitar seguir en estas organizaciones delictivas si ni siquiera sabían leer?", me pregunté.

Me propuse enseñarles a leer y escribir, con la firme convicción de que al lograrlo ellos tendrían una mejor comprensión de la realidad y de la vida, o al menos lograr que vieran más allá de esas montañas, más allá de lo que sus ojos le mostraban.

Al principio tuve cierta resistencia de Emel y de Jair, quienes probablemente preferían mantener a su equipo analfabeta, lo que los hacía más dóciles, o probablemente porque ellos mismos le temían al verdadero conocimiento… nunca lo supe.

A pesar de ello, no desistí de la idea; yo tenía, como siempre había sido en la vida, la seguridad de lo que quería hacer, aun en medio de esas condiciones adversas.

Mi mente sentía la superioridad intelectual sobre aquellos seres que hacían de un fusil su fuerza; finalmente los convencí con la ayuda de los mismos muchachos.

-"Cuando triunfe la guerrilla al tomarse el poder, ¿cómo van a manejar las tierras y los negocios que les correspondan si ni siquiera saben leer? Los van a robar; se quedarían sin nada", les decía.

-"Díganle a Emel y Ardila que dejen que yo les enseñe, porque además les puedo enseñar primeros auxilios para ayudarse entre ustedes mismos", terminaba diciendo.

Era un gancho perfecto para hacer que ellos mismos convencieran a sus superiores de avanzar en eso.

Una vez convencidos, hice traer de un pueblo cercano las cartillas de aprendizaje de idioma para niños *"Nacho"* y varios cuadernos con lápices que nos servirían de apoyo.

Debo confesar lo difícil que se me hacía enseñar a adultos; esta experiencia puso a prueba mi capacidad de tolerancia y perseverancia. Practicar las vocales nos tomó más de una semana, todo esto bajo la mirada vigilante y algo desconfiada de Emel y Jair, que me advertían que no tolerarían nada que quisiera cambiar la ideología de la organización o los incitara a desertar.

-*"Limítese a enseñar lectura Fidel, ¡ojo!"*, me decían antes de empezar cada clase.

Para contrarrestar esa desconfianza, les propuse a Emel y Ardila dictar clases *"avanzadas"* de primeros auxilios y enfermería de combate que había aprendido durante mi entrenamiento médico en el hospital de combate más importante de Colombia, el Hospital Militar Central, lo que funcionó perfectamente. Los hizo sentir importantes; de hecho, pedían la clase con interés.

La rutina en esos sitios durante mi secuestro era la misma.... nos despertábamos; siempre había un guerrillero que junto a una mujer se encargaban del *"rancho"*, como le llamaban al oficio de cocinar y cuidar el sitio de vivienda temporal.

Ellos preparaban el desayuno para todo el grupo, generalmente arepas con huevos revueltos o tajadas de plátano con huevos revueltos, que servían en hojas de plátano u otros utensilios improvisados; algunos de ellos tenían sus propios platos.

Una vez desayunados, me dejaban al cuidado de un guerrillero y el resto del grupo se concentraba en un lugar alejado de mí para recibir instrucciones y también para escuchar a Emel o Ardila explicarles los conceptos de las teorías del comunismo ruso y cubano.

Después de recibir una hora de estas charlas, se dedicaban a diversas actividades como lavar la ropa, coser los uniformes y maletines.

Algunos se dedicaban a asear su armamento, que eran fusiles ligeros diseñados en Bélgica y manufacturados por FN Herstal desde 1953, que llamaban "FAL", que en francés significa "Fusil Automatique Léger", o rifle automático ligero.

Otros se dedicaban a organizar las municiones; un grupo pequeño se encargaba de organizar el almuerzo que se servía a las 12:00 del día.

El menú de los almuerzos era variado, generalmente preparaban pastas con mucho condimento, arroz, plátano y yuca acompañados de gallina, chivo, o carne de animales silvestres que cazaban, aunque a veces echaban mano de atunes o sardinas enlatadas y las sofreían con condimentos, cebolla y tomate, casi siempre acompañado de agua de panela con limón y en algunas oportunidades gaseosas.

En las tardes generalmente hacían siestas oyendo música en sus radios transistores y otros jugaban cartas, damas o dominó, hasta la hora de la cena, muy similar al almuerzo, que se repartía a las 6:00 p.m. En ocasiones cenábamos queso con tajadas de plátano o arepitas con queso rallado y café con leche o gaseosa.

A más tardar a las 8:00 p.m., todos debían estar acostados. Unos dormían en hamacas y otros hacían camas con hojas anchas y helechos en sitios que ellos llamaban "cambuches". Yo siempre dormí en una hamaca de colores, que llevaba en un maletín que ellos me entregaron, donde guardaba mis objetos personales y guardaba dos camisas y dos pantalones que ellos me habían comprado y entregado a varios días de estar secuestrado y una chaqueta que en verdad me brindaba confort en las noches frías.

Después de mi liberación, me enteré de que esa chaqueta la había enviado a las dos semanas de mi secuestro mi querido suegro, padre de Sixta, a través de mi hermano Henry en alguna de las reuniones para coordinar el pago por liberarme.

Llevaba también mi radio transistor, que me entretenía escuchando noticias, pero que servía como única conexión con el mundo fuera de esa selva.

A través de ese radio también aprendí a oír programas muy populares de música y entretenimiento, y en ocasiones podía sintonizar transmisiones de partidos de fútbol que yo disfrutaba mucho.

-"Si llego a tener hijos varones, les voy a enseñar a jugar fútbol", pensaba cuando oía los juegos del equipo Junior de Barranquilla.

El sonido de la radio me daba un descanso en medio de la barbarie de la situación; era como si me liberaran por unos minutos... volaba.

Después caía bruscamente en la realidad.

Sabía que, en ese momento del secuestro, nos encontrábamos en algún lugar de la Serranía del Perijá, zona limítrofe con Venezuela, probablemente arriba de Villanueva cerca del cerro *"Pintao"*, donde se produce el nacimiento de los ríos El Molino, Villanueva y Marquezote.

Mi guardián traía encendido su pequeño radio que dejaba escuchar, en ese momento, una canción muy popular en la zona, *"Simulación"*, cantada por Diomedes Díaz.

-"Yo no he visto en verano, la vela e' Marquezote... pero si me entregaron amor, después de mil reproches...", sonaba en ese momento.

Como una revelación, miré hacia el fondo de la montaña que, imponente, se levantaba aún más alto, justo enfrente de mí.

Pude entender, con mis propios ojos, lo que esa frase describía... el nacimiento del río Marquezote, que más que un río era una impresionante cascada que baja con fuerza vertical en caída libre formando en el aire la silueta de una vela encendida y a cada lado líquido espumoso que ofrece ante quien observa, la sensación de cera derretida cayendo a cada lado...

-*"Majestuoso"*, pensé.

Simplemente un espectáculo que aquella naturaleza me regalaba como un bálsamo en esos momentos de angustia que solo se puede ver en época de lluvias.

El paisaje me causaba una admiración mágica... Las montañas, mezcladas entre vegetación y paredes lisas de rocas con sedimento natural que adquieren una coloración variable según la hora del día y la exposición al sol en tonalidades que van de tonos amarillentos, luego azul grisáceos, para finalizar en tonos rojizos al final de la tarde, esa mágica combinación le confiere el nombre de *"Cerro Pintao"*.

Al mirarlo, ese paisaje me recordaba la grandeza de Dios, a quien siempre me encomendé durante mi secuestro.

Caminamos frecuentemente moviéndonos de un sitio a otro, evitando quedarnos por muchos días en un solo lugar.

A veces dormíamos en cambuches al aire libre, otras veces nos quedábamos en ranchos de campesinos de la sierra, en ocasiones desocupados, pero también lo hacíamos estando los propietarios presentes.

| 9 |

Plan Para Escapar

Los días cada vez se volvían más largos y pesados; contaba horas que hoy descuento de mi vida porque fueron horas perdidas... perdidas de mi vida productiva, de mi vida de familia, de mi vida con Sixta, de mi vida con Cris, de mi vida con mis amigos, con mi madre, de ir a ver al Junior de Barranquilla jugar...

De mi vida.

La incertidumbre a veces me ganaba la partida mental, pensaba en personas que habían sido secuestradas y pasaron años en manos de algún grupo criminal similar. Hoy día, después de tanto tiempo, también recuerdo algunos casos posteriores a mi secuestro que me hicieron sentir la empatía de los que hemos vivido ese flagelo.

-"Mi tía Beatriz Echeverry, hermana de mi padre, dos años, Fernando Araujo, siete años, Ingrid Betancourt, diez años y muchos otros", pensé.

A pesar de lo improbable que sería escapar, no solo por la vigilancia que se ejercía sobre mí, pero más porque yo sabía lo inconveniente de ese camino de liberarme, yo mantenía mi mente en alerta permanente para elaborar posibles escenarios o estrategias de escape, pero para eso debía saber, más que los mismos guerrilleros los detalles, las variables, porque si había una mínima ventana segura de hacerlo, quizá... solo quizá, lo haría.

Prestaba mucha atención a mi entorno, la vegetación, el cambio de clima desde que amanecía hasta la hora de dormir, los alimentos que me ofrecían en cada lugar donde acampábamos, el terreno en caso de necesitar correr, los animales que se acercaban o que merodeaban, el tipo de aves que sobrevolaban, el olor de cada zona donde acampábamos. Todo lo observé con detenimiento; no perdí un solo detalle.

Los accesos a la Serranía del Perijá por el sur de La Guajira no eran muchos... vía San Juan, vía El Molino, a través de Villa Nueva y por último desde Urumita.

Íbamos caminando hacia el sur, aunque ellos me decían, falsamente, que estábamos ya en territorio venezolano, tal vez para evitar que, si algún día tuviera acceso a enviar información, esta no fuera precisa.

Esto me hacía pensar que era extraño que algunas rutinas programadas por la guerrilla, como comprar los víveres para todo el grupo, para lo cual designaban a alguno de los integrantes, llegara con una gran cantidad de dinero a un pueblo pequeño o caserío, comprara víveres para una gran cantidad de personas, y ninguna autoridad lo sospechara.

También me intrigaba como este grupo podía organizar las famosas pescas milagrosas, que eran una especie de retenes armados en sitios específicos de la carretera que debía ofrecer un acceso fácil a la Serranía para evitar ser interceptados por las autoridades, con el objetivo de parar los autos que se movilizaban por ellas y llevarse secuestrados, o *"retenidos"* como ellos lo llaman, a cualquier persona que por su aspecto pudiera ser de interés, obviamente económico o político para su movimiento.

-"¿Cómo podían organizar esos movimientos en sitios tan específicos y no ser detectados?", me preguntaba.

Tal vez en lo que más detenía mi mente eran las rutinas de los guerrilleros, los cambios de guardia, las personalidades, los genios.

Trataba de adivinar cuáles serían menos acuciosos y dejarían en algún momento espacios que me sirvieran para escapar, cómo se distribuían las labores del día, quiénes se encargaban de cocinar, de lavar, de atender como empleados de servicio a su jefe y también quiénes de alguna forma se quejaban de ellos, aunque fuera en silencio.

Después de tres o cuatro semanas en esa selva que obviamente para mí era en algún lugar de la Serranía del Perijá, por más que intentaba mantener cierta noción de mi ubicación, ya no lo lograba; la vegetación se hacía cada vez más densa, los días lluviosos y oscuros me nublaban la mente, pero más que eso, la impotencia de no tener el control de mis propios movimientos.

Caminábamos mucho; nos desplazábamos de un lugar a otro; generalmente llegábamos a casas o ranchitos de campesinos, donde pasábamos dos o tres días y continuábamos moviéndonos.

De acuerdo con mi percepción, nos dirigíamos al sur alejándonos de San Juan cada día; los guerrilleros me insistían en que estábamos en tierras venezolanas.

Muchas veces me intentaban infundir temor con que la guardia venezolana estaba cerca y que, si yo escapaba, esta no dudaría en darme de baja creyéndome guerrillero.

Yo tenía la suficiente inteligencia para tratar de ubicarme y además preguntarle a los campesinos, que me creían guerrillero por mi vestir, la ubicación con preguntas como…

-"¿Qué está más cerca, Villanueva o Urumita?".

Ellos me respondían según el caso; con eso intentaba estar bien ubicado geográficamente.

Poco a poco, yo iba penetrando las mentes de esos seres que, a pesar de tener un fusil, eran ellos mismos presos de esa cárcel que me imponían.

Debían repetir como loros algunas de las arengas que les eran impuestas... ellos, los guerrilleros rasos, los de la tropa, no los de escritorios, en la selva, no comprendían realmente lo que significaba esa labor.

Era comprensible... muchos eran reclutados a muy temprana edad y mayormente eran hijos de campesinos que veían en la guerrilla lo que cualquiera de nosotros veíamos en el ejército o la policía... *la ley.*

Porque la realidad es que en las regiones donde nacieron no existía la presencia del Estado para entender la diferencia.

Otros eran reclutados con prebendas económicas que, al menos, les daban una entrada para mantenerse y enviar algo a sus familias.

Pocos tenían un sentir auténtico de alguna lucha social real.

Lo que sí tenían en común era una evidente obligación de cumplir con lo aprendido en un adoctrinamiento que, para cualquier persona con mediana inteligencia, obviamente se trataba de teorías desgastadas y poco reales de igualdad y justicia.

Para ellos era lo que embriagaba sus sentidos para hacer de sus delitos algo loable, aceptable.

Observaba con atención la estructura de la organización; de hecho, se me hacía genial, una empresa perfecta para los grandes gamonales de la guerrilla, los *"comandantes"*, como son conocidos entre ellos mismos.

Esos gamonales mantienen a costa de temor y muerte una estructura criminal, pero interesante, en la que enseñan a campesinos nacidos con alma bondadosa y naturalmente feliz a odiar desde el corazón cosas que antes ni siquiera conocían.

A odiar al vecino que tiene una vaca más que ellos, odiar a quien es dueño de una finca, odiar a un industrial, odiar a un periodista, odiar a un médico, odiar a un político...

"Odiar desde el corazón".

Interesantemente, este sentimiento de odio hace que el único camino posible para canalizar ese odio es obviamente... ingresar a "la guerrilla", porque en las regiones donde viven, no hay otra opción; ellos tienen el poder.

De hecho, en muchas ocasiones aparecen en campañas de salud o sociales, que muestran una cara amable de una organización macabra.

Una vez ingresados en la organización, ya no es una organización tan amable.

Pude observar y percibir, a través de las conversaciones con los muchachos que me vigilaban, con los que muchas veces jugaba parqués o cartas en medio de esa selva, que la forma como se organizan esos seres humanos transformados en máquinas de muerte no deja espacio para pensar, para debatir, para arrepentirse.

La muerte es la otra alternativa y, como animales de corral, solo siguen sus instintos para sobrevivir... no pensar, no debatir, no abrir su mente a nada diferente de lo que han recibido muchas veces desde niños como parte de un adoctrinamiento infernal.

Lo que yo podía ver claro, ellos ni siquiera lo contemplaban, yo veía a sus más altos "comandantes", en cómodos sillones, en medio de aires acondicionados y manejando millones de pesos en bancos del mundo entero, tomando los mejores vinos, disfrutando las mejores comidas.

Veía a otros de mandos un poco por debajo de esos, protegidos como dioses magnánimos, intocables, con derecho de abusar sin límite a niñas que muchas veces no tocaban la adolescencia, con derecho de planear matanzas y secuestros que produjeran miedo, temor, pero, sobre todo, que produjeran dinero, que, aunque promulgan como el enemigo del mundo por representar el capitalismo, se convierte en el sello del poder de los que se sientan en esos sillones cómodos en Cuba.

-*"Genial, sencillamente genial"*, pensaba mientras analizaba esa empresa.

Porque mientras yo tengo que confiar en la buena labor de un trabajador y me cuesta mucho trabajo despedirlo por robar o ir en contra de las disposiciones establecidas, la guerrilla sencillamente lo somete a un procedimiento llamado "consejo de guerra", que podría llevarlo a una muerte por fusilamiento que, a su vez es advertencia para los otros que piensen antes de hacer cualquier acto en contra de lo que la misma guerrilla le ordene… ni siquiera pensar diferente. Para ese momento, la comisión asignada a mi cuidado, permanentemente conmigo tenía un jefe, Emel el de mayor edad, un segundo al mando de nombre Ardila, de unos 25 años de edad, Jair y una mujer llamada Nidia y el resto eran muchachos muy jóvenes que no sobrepasaban los veinte años.

Aparte de Emel y Ardila, el resto de los integrantes de este grupo eran totalmente o parcialmente analfabetos; venían de diferentes partes de la región y de los Santanderes.

Aunque con el tiempo me gané la confianza de mis carceleros y hasta tuve varias oportunidades de correr lejos de ese lugar, mi inteligencia me detenía para evitar situaciones que probablemente tendría que lamentar, conmigo mismo o con algún familiar.

Fui autorizado a escribir un diario de mis actividades cotidianas, aunque debía leer lo escrito cada día para asegurarse de que no escribiera revelaciones tal vez de los lugares en los que nos movíamos o descripciones de personas pertenecientes a la guerrilla.

Estas dos cosas sí las escribía, pero mi letra era bastante de médico y casi ilegible.

Con el pasar de los días me di cuenta de que ellos probablemente no sabían leer muy bien, porque confiaban demasiado en la sola lectura mía de lo que escribía; nunca revisaron lo escrito directamente.

Parte de la rutina se convirtió, en las tardes, en leer ante ellos lo último que había escrito.

Yo lo hacía y, en ocasiones inventaba apartes de lo "no escrito", y además, para satisfacer un poco su ego hablaba de lo buenos que son como personas, muy atléticos, que manejaban las armas con gran destreza, que conocían cada rincón de la sierra como la palma de sus manos, y del cuidado que tenían de los animales salvajes, en fin, elogios con los que sabía se agradarían. Interesantemente, nunca me pidieron mis notas para comprobar lo escrito. Por mi parte, nunca dejé de planear una estrategia de escape, inclusive, llegué a pedir *"ciertos medicamentos para la gripa y para la alergia"*; sabía que contenían antihistamínicos de primera generación, que causan sueño. Para ese entonces ya había ganado cierta confianza y me era permitido ayudar en las labores de la cocina.

Mi plan era sencillo... verter los medicamentos en una sopa que hiciera efecto después del almuerzo, durante la siesta acompañada de música en radios transistores, que se extendía por una hora o más, calculando que solo quedaba el centinela que a veces, además, también se dormía.

Podría aprovechar el momento para escapar caminando algún río abajo.

En mis cálculos, debido a lo inmersos que nos encontrábamos en la Serranía del Perijá, tomaría unos dos o tres días cruzando terrenos difíciles hasta llegar a la civilización.

-*"Demasiado arriesgado"*, pensé.

Los temores a las represalias que tomaría este grupo en contra de mi familia me hicieron retractar.

No sé si llamarlo miedo, cobardía o prudencia. Yo había oído casos de personas que escaparon exitosamente de este tipo de situaciones, pero cuando lo vives en carne y hueso… cambia la perspectiva.

Era frecuente escuchar que la guerrilla había incursionado en una finca, acribillando al ganado en los corrales, en venganza a personas que no querían *"colaborar"* o que habían escapado de secuestros…

-*"Mientras esté caminando por esa selva, antes de lograr llegar a un sitio seguro, ya Henry, mi hermano, sería citado con la excusa de negociar o entregarme y, sin saberlo, va a ser reemplazado por mí, tal vez con un trato más cruel"*, pensé algo asustado.

Solo pensarlo me producía temor, como si alguien estuviera oyendo ese plan desde mi pensamiento.

| 10 |

Semana Ocho, Cai Por El Barranco

La rutina se hacía cada vez más difícil de llevar, pero yo aprendía también más a guardar la calma y trabajar mentalmente los guerrilleros a mi favor. Todos los días me repetía a mí mismo…

-*"Morir no es una opción".*

Esos días fueron especialmente duros; todavía acostumbraban a llevarme montado en un burro por mi torpeza y debilidad para caminar por terrenos tan difíciles y llenos de montañas, lo que retrasaba un poco la marcha adentrándonos en montañas cada vez más difíciles de atravesar.

Las caminatas duraban más de doce horas sin parar; yo tenía las botas que había piropeado el coronel el mismo día del secuestro y, aunque la calidad era muy buena, ya mis pies no resistían el dolor y el maltrato al que los estaba sometiendo.

Trascurridos algo así como dos meses, mientras nos desplazábamos por una empinada montaña, yo iba encima de una mula que permitía un avance más rápido del grupo, el camino por el lado de la montaña se hacía cada vez más estrecho y era evidente el esfuerzo que hacía la mula por mantenerse en equilibrio, de hecho yo veía lo difícil que era para ellos mismos el caminar por esa senda que bordeaba la montaña, porque cada paso derrumbaba un poco ese camino y se sentía como caía metros abajo piedras o tierra con cada pisar. Me daba temor mirar hacia el lado porque el precipicio era tan pronunciado que me producía vértigo.

En mi mente, llegué a sentir la triste injusticia de esos guerrilleros rasos, que, tal vez sin otra opción, deben soportar esas largas caminatas con la misión de transportar un objeto de algún valor monetario, que en este caso era yo mismo, para ampliar las arcas de otros que para ese momento estarían cómodamente sentados en Cuba, Suiza o cualquier otro país que simpatizara con ellos.   Ese día estaba especialmente brisado, frío y lluvioso.

Mientras avanzaba el grupo, me permití unos minutos de relajación mental para observar el paisaje hermoso de aquella montaña, en el medio de la nada, imponente, con colores que desafiaban mis sentidos. Se podía sentir la pureza de la vida misma en ese lugar recóndito, imposible de explorar de otra forma, que invitaba a la reflexión.

Grandes árboles y miles de aves se podían divisar en esa tarde. La diosa naturaleza parecía impávida ante lo que sucedía conmigo. Yo estaba por un segundo, paradójicamente, agradecido de estar ahí, en ese momento, con tal belleza que me hacía olvidar el cansancio, la frustración…

-*"Esta es sin duda una creación de vida de Dios"*, pensé, *"pero si eso es así, ¿por qué es precisamente el sitio donde se cometen impunemente estos crímenes?"*.

Mientras tanto, mi pensamiento volvía una vez más a la realidad de mi situación, dejando atrás la magia.

Durante todo el trayecto pude entender que era un sitio donde la naturaleza se entrega al ser humano, para bien o para mal, sin participar... solo se entrega.

Atravesamos cultivos de diferente tipo; yo podía reconocer los de aguacate, que conocía bien, pero también atravesamos cultivos de amapola, cocaína y otros.

-*"Definitivamente el hombre llegó para destruir la naturaleza"*, pensé.

De forma súbita, sentí que la mula me dejaba hundir un poco, y segundos después un gran vacío, como si me jalaran de abajo... la mula, con su pata trasera, pisó un área de terreno que cedió, haciendo que perdiera el equilibrio; hacía un esfuerzo enorme por mantenerse en ese camino y tal vez lo hubiera logrado si no fuera porque me cargaba a mí.

Mi cuerpo empezó a caer cuesta abajo por ese precipicio con el cuerpo de la mula cerca de mí, y por momentos pasaba encima, mientras caíamos sin control más de treinta metros.

No sentí dolor mientras caía; de hecho, no sentí nada. Pensé que iba a morir; por momentos la mula pasaba por encima de mí, pero de alguna forma no me aplastaba, tal vez por lo empinado del precipicio.

Después de muchos metros, casi en caída libre, la velocidad de la caída se hizo más lenta y la inclinación de la montaña también, lo que detuvo mi cuerpo en ese punto, aunque el animal siguió cayendo unos metros más abajo.

No podía moverme; no podía casi hablar; el dolor en cada hueso era insoportable; a lo lejos podía oír los rebuznos angustiantes de ese animal a unos metros de mí que no cesaban.

-*"Bang, Bang"*, se oyeron dos disparos que venían de la montaña arriba.

Yo no entendía la situación; miré arriba y entendí que uno de los guerrilleros le había disparado, simplemente para evitar que sufriera.

Me pareció cruel en ese momento, aunque habiendo crecido en el campo, sabía que en ocasiones era la forma de evitar el sufrimiento del animal en casos como ese.

Todavía no podía moverme, aunque hubiera querido.

-*"¡Parece que Fidel está muerto!"*, gritaba una voz desde arriba.

Yo trataba de hablar, de gritar para anunciarles que no estaba muerto, pero no salía de mí una palabra; con dificultad podía respirar; no lograba ingresar aire a mis pulmones.

Me encontraba boca abajo en medio de matorrales; de alguna forma logré sacar mi mano derecha de debajo de mi cuerpo y ponerla a mi lado.

-*" Se está moviendo, está vivo"*, decían de arriba.

No sé si perdí por unos segundos el conocimiento, pero cuando nuevamente fui consciente de lo que ocurría, tres guerrilleros ya estaban alrededor mío y me daban pequeños golpes en la cara como para despertarme.

-*"Fidel... Fidel"*, decían una y otra vez.

Poco a poco fui moviendo las manos, los brazos y las piernas, hasta lograr sentarme en el suelo con ayuda de ellos. Sentía mi cuerpo pesado.

Veinte minutos después ya me sentía con la capacidad de levantarme con apoyo. A pesar de los dolores, no había aparentemente ninguna fractura. Empecé poco a poco a dar pasos, pero los guerrilleros debieron levantarme en sus hombros en varios tramos hasta retomar el sendero por donde originalmente íbamos.

En algún momento miré hacia atrás y pude ver aquella mula, que todavía hacía algunos movimientos de sus patas, pero sangraba por la boca.

-*"Dios mío, dale el descanso a ese pobre animal",* pensé.

Mientras nos alejábamos, pude notar que ya en ese punto algunas aves de rapiña merodeaban los cielos del lugar.

Aunque no fuera así, por algún motivo yo seguía caminando con cierta inercia pensando que, si paraba o no pudiera seguir caminando, me matarían, así como lo hicieron con esa pobre mula.

Durante las siguientes tres o cuatro horas caminamos casi sin parar, excepto por la aparición de un avión de reconocimiento de la fuerza aérea de Colombia que nos obligó a parar y escondernos debajo de árboles y matorrales.

-*"Hay que esconderse, porque si saben que estamos ahí, pueden bombardear la zona y eso lo incluye a usted doctor",* me dijo el guerrillero que me servía de apoyo para esa caminata.

Al caer la noche, entramos en un pequeño rancho campesino, no había candados y no parecía tener habitantes. La verdad, yo no sabía si ese sitio era un préstamo o de propiedad de la guerrilla, pero la usaban libremente. A mí me fue asignada una esquina, colgaron por mí la hamaca donde me acosté inmediatamente intentando recuperar alientos.

Mientras veía cómo se organizaban en diferentes sitios de aquel rancho, una gran sensación de tristeza me absorbió, me sentía cansado, sin ánimo, lleno de incertidumbre e impotencia.

Se liberó de mí un sollozo profundo, seguido por un llanto que yo mismo no me explicaba; simplemente no podía parar de llorar.

Yo nunca había expresado ningún sentimiento de esa forma; no era usual para mí. Las lágrimas corrían por mis mejillas con un mensaje de depresión profunda.

-"¡Yo no aguanto más, no soy yo, no quiero vivir esto más, no es mi mundo, mátenme si quieren, pero no aguanto más!", dije con voz de llanto.

Varios de los guerrilleros se me acercaban y ponían sus manos en mi hombro y espalda como mostrando empatía.

-"Tranquilícese Fidel, usted es un berraco, no se ponga así", me decían una y otra vez.

Me puse una de las mantas en la cara y sentía el dolor en mi alma con cada sollozo.

Todos quedaron en silencio… tal vez no esperaban de mí esa reacción.

Ese momento, lejos de mostrar mi debilidad, sirvió para acercar más a los guerrilleros que me cuidaban. Creo que muchos de ellos habían vivido esa sensación en algún momento de sus correrías; eso los acercó mucho a mí.

Emel tomó la palabra...

-"Fidel, hágase una o varias cartas; nosotros las hacemos llegar a la familia, tranquilo", decía.

Sin embargo, también hacía algunas exigencias...

-"En esas cartas exprese lo que le pasó... que está herido... que se encuentra muy mal... que lo hemos tratado mal... que su vida corre peligro, así su familia se va a apresurar en buscar el dinero y sacarlo de aquí y finalizar esto...", seguía.

-*"Créame que nosotros también estamos desgastados con esta situación"*, terminó diciendo.

-*"Cuente con eso; es lo que pensaba decirles, para que se apuren"*, dije sin mucha convicción.

Escribí una carta dirigida a Henry, precisamente orientada a lo que me pedían… pero sin tanto drama. Sabía que debía consentir sus ideas y aplicarlas… Era inteligente hacerlo.

Les entregué la carta y me dijeron que la harían llegar cuanto antes.

Al amanecer del siguiente día muy temprano, Emel me sorprendió con un bastón que había tallado con sus propias manos desde mi caída y durante la noche para que yo pudiera apoyarme. Me gustó ese gesto además porque se le veía el trabajo al trozo de madera que había escogido para tallar el bastón.

Era una madera fina y resistente y el bastón resultó muy ergonómico y fácil de usar; lo agradecí mucho.

Pasaron los días y, aunque ya recuperado de los estragos de la caída en mi cuerpo, seguí usando el bastón, más por costumbre que por necesidad.

Me gustaba caminar apoyándome en él; además, me servía para apartar la maleza y los arbustos, alejar cualquier serpiente o animal peligroso que pudiera tropezar.

Por esos días, Bernardo, un joven santandereano que había llegado con Emel y Ardila, se acercó bastante a mí; tal vez se identificó conmigo en ese momento de fatiga emocional.

Bernardo era conocido como *"el Radista"*, y era quien manejaba las comunicaciones radiales del grupo y hacía los reportes diarios a los comandantes superiores; se hacían estrictamente a las 6:00 a.m. y 6:00 p.m.

En esos reportes les hacían saber nuestra ubicación, estado de salud del secuestrado y novedades, todo bajo estrictos códigos de seguridad. Para ello, utilizaba un radio portátil de baterías doble A, que él encendía solo en las horas indicadas.

Sin embargo, yo me había percatado de que su hobby era escuchar comunicaciones ajenas y así le pasaba el tiempo.

-*"He estado escuchando las comunicaciones de su empresa por radio"*, me dijo Bernardo, *"tengo ya descifradas las frecuencias que usan"*.

Incrédulo, le pedí detalles como qué cosas había escuchado y me sorprendió con datos que eran internos de la empresa y el lenguaje que utilizábamos en la empresa de vigilancia.

Secolda tenía centrales de comunicaciones en Valledupar, San Juan y El Cerrejón, desde donde se comunicaban permanentemente con los vigilantes y escoltas.

Bernardo me propuso comunicarme a escondidas con ellos.

Yo no lo podía creer...

-*"¿Será una trampa?"*, pensé en silencio, *"¿si me estuviera empujando a hacerlo para después acusarme con Emel y Ardila?"*.

Finalmente, después de analizarlo, pensé que quizá él mismo fuera el más afectado si me acusara.

-*"Bernardo, ¿cómo hacemos?"*, pregunté.

-*"No le diga a nadie, mañana, cuando el grupo esté en la charla de doctrina, a eso de las 9:00 am, mientras yo estoy de guardia, trato de comunicarme y le aviso"*, me dijo.

Esa noche no dormí entre sentimientos de angustia y felicidad... pasé la noche en vela.

Después del desayuno, rápidamente, a pesar de lo fría que estaba el agua, me bañé y me arreglé rápidamente.

Como notando que esa no era mi actitud usual, Nidia me miraba desde su puesto.

-*"¿Para dónde va el doctor tan arreglado y tan temprano?"*, dijo Nidia.

Todos se rieron. Tuve que desacelerar mi actuar para no levantar sospechas.

-*"¡Muchachos, vengan a la charla, hoy leeremos otro capítulo del libro Manifiesto Comunista de Karl Marx!"*, gritaba uno de ellos desde el fondo.

-*"Carajo, ¿qué podrán entender estos pobres muchachos de estas teorías?, creo que ni los mismo Emel o Ardila las comprendían y eso que son los profesores"*, pensé en silencio.

Eso me tranquilizaba; iban a estar bien ocupados con sus teorías marxistas. Me acerqué poco a poco a Bernardo, que se encontraba algo retirado del grupo.

-*"Escuche"*, me dijo casi en secreto.

Claramente oí la voz de Rafa, el radioperador de la central de Secolda en San Juan.

-*"Atento... atento, cero-cero"*, decía Bernardo en el radio, que ya sabía que *"cero-cero"* era la forma de identificarse de esa central.

-*"Quien esté modulando por esta frecuencia, favor abandonarla; es una frecuencia privada de Secolda"*, respondió Rafa en tono serio y formal.

Bernardo insistió varias veces, pero Rafa le decía exactamente lo mismo.

-*"Sepa que sabotear comunicaciones es un delito; puedo denunciarlo a la policía; se lo advierto... abandone la frecuencia, por favor"*, volvía a decir. Bernardo me pasó el radio.

-*"Atento cero-cero, aquí cero-uno, aquí cero-uno"*, le modulé yo.

-*"¿Cero... Uno?"*, preguntó Rafa con voz de asombro, no creía lo que oía.

-*"Si Rafa, soy yo, desde las montañas, ¿cómo estás?"*, le dije.

-*"Jefe qué gusto saber de usted... ¿cómo está?"*, me dijo, todavía titubeante.

-*"Bien, pero necesito hablar urgentemente con Henry, ¿se encuentra en la oficina?"*, pregunté.

-*"No, él no está, debe andar por las fincas"*, me respondió presuroso.

Bernardo me tocó el hombro...

-*"Dígale que esté mañana a esta misma hora, nos volvemos a comunicar"*, dijo mientras miraba hacia el grupo asegurándose de no levantar sospechas.

Acordamos comunicarnos al día siguiente a la misma hora

-*"Bueno Rafa, dígales a todos que estoy bien y a Henry que esté puntual mañana"*, le dije al despedirme.

-*"Cuídese mucho"*, me dijo Rafa, *"por aquí todo está bien, pero nos hace mucha falta"*, finalizó.

-*"QAP"*, le dije cerrando la comunicación.

Me quedé un poco apesadumbrado por no haber logrado comunicarme con Henry, pero el almuerzo me distrajo un poco.

A eso de las cuatro de la tarde alguien sacó un juego de cartas y me senté con varios a jugar, me sentía muy motivado y les enseñé a jugar veintiuno, que ellos no conocían y lo disfrutamos improvisando fichas con frijoles, lentejas y garbanzos… fue divertido ver cómo se regocijaban ganando una partida.

Ya entrada la noche, cenamos y nos fuimos a descansar.

De pronto… de la nada oí a Cristy, mi hija, que me gritaba fuerte.

-*"Papá... Papá"*, me llamaba mientras tomaba con sus manos arena de la playa del parque Tayrona donde estábamos.

Tomó un pequeño vaso y lo llenó con agua de mar, corrió hacia mí, y para mi sorpresa, con una carcajada de las que usualmente daba, me derramó toda esa agua en mi camiseta, pero también caía en mi cara, de hecho, sentía agua en todo mi cuerpo…

Me desperté de ese sueño hermoso; estaba lloviendo y muchas gotas se filtraban cayéndome encima.

Después del desayuno, los muchachos se retiraron a oír sus charlas; yo estaba atento a la comunicación con mi hermano por radio, tal y como habíamos planeado el día anterior con Bernardo y Rafa.

Me acerqué a Bernardo, que era mi más cierta posibilidad de comunicación con el mundo.

-"Atento cero-cero, atento cero-cero, cambio", moduló Bernardo y quedamos en silencio esperando respuesta.

Segundos de espera que para mí se convertían en horas.

-*"Siga... aquí Cero-Cero"*, se oyó por fin la voz de Henry.

Bernardo me entregó el radio marca "*Yaesu*"… yo no podía creerlo.

-"*Hermano, ¿cómo estás, cómo están mi hija y mi esposa?*", pregunté.

-"*Aj…jjá lu…luifer, ¿¿có..mo te sientes?... ellas e-e-están bien*", dijo.

Henry hablaba con cierto tartamudeo que lo caracteriza, especialmente en situaciones de tensión emocional.

-"*No digas nombres… escucha, las cartas mías quejándome son obligadas para presionar, no las tengan en cuenta, yo estoy bien, repito, no se dejen presionar, hay que estar calmados para negociar más bajo, ideal presionar mi liberación para seguir pagando en libertad, esa es la estrategia… yo soy el único en la familia que puede conseguir el dinero… pero debo estar libre… esa es la estrategia, ¿entiendes?*", le dije.

Marcamos una cita por la misma vía el siguiente sábado, en tres días, para discutir las conclusiones de la reunión que sucedería el viernes para renegociar el pago. Pasaría los siguientes días enfocado en la comunicación de ese sábado. Me sentía renovado, con ilusión, lograría enterarme de lo que ocurría a los dos lados del secuestro.

El sábado me levanté muy temprano, me arreglé y estaba listo para llevar a cabo el plan previsto.

-"*¡Recojan todo, que nos vamos a otro sitio!*' gritó Emel en tono de orden.

Una sensación de pánico me invadió…

-"*¿A dónde vamos Emel?, ¿Por qué no nos quedamos acá?... hay un riachuelo, buena agua, buen clima…*", le dije con el alma arrugada. Sabía que no importaba lo que le dijera.

-"*Adonde nos coja la noche Fidel, los chulos (el ejército) están cerca; recoja lo suyo… salimos en quince minutos*", dijo casi sin mirarme. Sentí el mundo derrumbarse ante mí, quería avisar a Henry lo que ocurría, pero...

-*"¡Freddy, usted se hace cargo del radio; necesito a Bernardo saliendo hacia el campamento de mi comandante para que se encargue de montar nuevas comunicaciones para la organización!"*, seguía gritando Emel.

Mientras tanto, todos organizaban sus pertenencias para la movilización. Freddy, al igual que Bernardo, era santandereano, un poco más campesino, muy callado y distante.

-*"No puede ser"*, pensé en silencio. Pero si era...

No podría olvidar ese día porque, mientras caminábamos nuevamente por esa selva, oí, a través de mi radio transistor portátil, el lanzamiento del nuevo álbum de Diomedes Díaz que era conocido como "*El cacique de La Junta*", un personaje auténtico de la región, con un talento innato para componer y cantar la música vallenata, que embriagaba con su voz a quien lo oyera.

"*Canto celestial*" fue llamado ese trabajo musical inspirado en su gran compañero, el acordeonero y amigo Juancho Rois, como un homenaje por motivo de su muerte el veintiuno de noviembre de 1994, un año antes, en un desafortunado accidente aéreo. Esa era la noticia más importante de la región en ese momento.

-*"Desde el primer momento en que te vi..."* sonaba la canción en aquella pequeña radio.

Era una canción cantada por Diomedes Díaz, acompañado por Iván Zuleta, en aquel entonces el joven acordeonero que reemplazó a su amigo que murió.

Yo no lo olvidaría porque precisamente ese día sentiría el dolor más profundo que un ser humano podría sentir, y en eso estarán de acuerdo todos aquellos que han sufrido un cálculo renal, conocido por otros como *"piedra en un riñón"*.

Yo ya conocía esa sensación, porque un par de años atrás, cerca del matrimonio con Sixta, la había sufrido.

Vomitaba sin parar, sudaba; el dolor era insoportable, a pesar de un par de acetaminofén y otro Ibuprofeno que me dieron en el lugar.

En medio de ese dolor y sabiendo que no sería llevado a ningún lugar de atención médica, pedí a los guerrilleros algunos medicamentos, equipo de venoclisis, suero fisiológico, Voltaren y Buscapina.

Ellos llegaron al pueblo más cercano bajando la montaña a comprarlo, pero además trajeron de ese mismo pueblo una enfermera que venía vendada en sus ojos, montada en una mula.

Después de la infusión de líquidos y medicamentos por la vena, el dolor cedió. Pasarían dos días mientras lograba algo de recuperación, antes de que las caminatas continuaran sin descanso.

| 11 |

Semana 9, Rancho La Altura

Muchas caminatas siguieron después de aquel cálculo renal, por lo que siempre intentaba estar bien hidratado.

Al atardecer de ese día soleado, en la Sierra de Urumita nos acercamos al rancho *"La Altura"*, de paredes de ladrillo y tejas de zinc y afuera una enramada con una cocina exterior y fogones de leña. Pude notar, alrededor de esa casa, siembras de aguacate. En la entrada nos recibió una pareja muy amable de campesinos de apellido Puerta.

Padres de unos 55 años, con dos hijas, una de 26 años, de nombre Blanca, ya casada y con una pequeña hija, y Ada Luz, de 17 años, ya estaban acostumbrados a recibir en el lugar grupos de este tipo.

Varias noches pasamos ahí, con la familia Puerta, gente buena, de carácter suave.

Pude percibir que, para ellos, la autoridad era precisamente la guerrilla, porque para ese momento controlaban ampliamente esas montañas, impartían leyes, tomaban el control de todo.

Esos días yo pasaba muchas horas escribiendo en mi diario; como siempre, lo hacía con una letra casi ilegible. Yo debía informar cada día de esas líneas escritas a Ardila, y por ser ilegibles, él nunca hacía el intento de leerlas, o tal vez decidió confiar en lo que yo leía para él, que por supuesto no era lo que estrictamente escribía.

Siempre me advertía que no describiera sitios en los que estábamos, nombres o descripciones de los integrantes, pero yo sí lo hacía.

Poco a poco los Puerta se acercaban a mí, ciertamente con curiosidad, me traían el desayuno, me ofrecían café recién hecho en leña, frutas y buscaban conversación.

-*"¿Usted no es de la guerrilla cierto?"*, me dijo Ada Luz, que era la más curiosa.

Yo estaba vestido con uniforme igual al de la guerrilla; yo traté de restarle importancia a la pregunta, porque pensé que podría ser una prueba de confianza de ellos mismos.

-*"Claro que soy guerrillero niña; soy Fidel, ¿por qué lo preguntas?"*, le dije como sin interés, mientras miraba mi diario.

En realidad, no quería entrar en conversación con ella o con nadie que no fuera autorizado por mis carceleros.

Ada Luz miraba con vehemencia mis botas, creo que era demasiado evidente que no era parte del grupo.

-*"Bonitas botas, se ve que son de buena calidad don Fidel"*, me dijo con algo de sarcasmo.

Pude notar que era una niña muy perspicaz, inteligente y frentera, lo que me hacía evitar sus conversaciones durante ese primer día.

Esa noche tal vez fue la mejor que pasé durante mi secuestro; de hecho, por la pérdida de peso que tuve, ya no roncaba, lo que me caía bien para dormir mejor y descansar.

Un gallo anunciaba el amanecer y sin siquiera abrir mis ojos en la mañana, se sentía el olor inigualable del café del campo. Cuando quise incorporarme, ya estaba parada a mi lado Ada Luz con una taza de cerámica con café humeante.

-*"Tómese un cafecito Fidel, es bueno para empezar el día"*, me dijo, *"dicen ellos que usted es médico"*, me dijo como en tono de curiosidad, como si quisiera una respuesta sin preguntar.

Realmente agradecí ese gesto; miré hacia la cocina y estaba su madre mirando desde lejos. La saludé con mi mano arriba y una sonrisa desde mi cama. Minutos después recibí una arepa de maíz tierno.

-*"¿Cómo uno se hace doctor?"*, preguntó Ada Luz.

Entendí que esa niña, aunque con pocas opciones de escoger una vida como profesional, tenía sueños, deseos de salir adelante, sabía leer, podía enterarse del mundo afuera de ese sitio. Me sentí mal por esa criatura.

-*"Si algún día quieres estudiar medicina, búscame, yo puedo ayudarte... si salgo de esta"*, le dije con firmeza.

Noté que la pequeña Ada Luz era más grande en inteligencia, en sagacidad y en actitud que todos los presentes; sin duda hubiera sido una gran médica.

-*"¿Quiere mandarle una carta a su familia?"*, me preguntó bajando el tono de la voz.

Algo en ese momento me hizo confiar en esa niña.

-*"Me gustaría"*, le dije, *"pero... ¿cómo?"*, pregunté, esta vez poniendo mucha atención y hablando bajo.

-*"Usted escríbala que yo me encargo"*, me dijo, con una actitud que ganó mi confianza.

Por un momento pensé que debía evitar que ella hiciera algo que podría ponerla en riesgo, pero Ada Luz mostraba tanta confianza que preferí callar.

Escribí una carta dirigida a Sixta, no escribí nada que pudiera hacer ver que revelaba mi ubicación aproximada, de hecho, a ese punto sabía lo peligroso de tener al ejército cerca porque podría ocurrir un intento de liberación y generar enfrentamientos que pondrían en peligro mi propia vida y la de la familia en ese rancho.

Fue una carta bastante corta, con pocas palabras diciendo que yo me encontraba bien y que las quería mucho, que las extrañaba y que pronto íbamos a estar juntos otra vez.

-*"Espero salir lo más pronto de aquí para estar con ustedes... las adoro"*, terminaba la carta.

Temprano en la mañana, Ada Luz se acercó a mí discretamente.

-*"Debo caminar unas tres horas bajando la montaña hasta la estación; desde ahí tomo un transporte que me lleve a Urumita; entonces me comunico con su esposa; no se preocupe"*, me dijo en voz baja.

La estación era el sitio hasta donde la carretera transitable dejaba llegar los vehículos en la Serranía del Perijá.

Hasta ese lugar llegaban los campesinos con sus cosechas desde la montaña y los vehículos los recogían y los transportaban al pueblo de Urumita, donde vendían el fruto de su trabajo.

Me sentí un poco nervioso mientras ella se alejaba por una senda estrecha, hasta que la perdí de vista.

-*"Ve con Dios, gracias por lo que haces por mí"*, pensé mientras se alejaba.

Ya en la tarde, después de tres días, mientras escuchaba la canción "*Almas felices*", de mi amigo Iván Villazón, una de las mejores voces del vallenato, regresó Ada Luz, se acercó a mí con un gesto de picardía en su cara que me hizo pensar que había tenido éxito en contactar a mi familia.

Como escondiendo algo, me entregó una carta…

-*"Mi amor…"*, se leía en el primer párrafo, escrita a puño y letra por Sixta.

Era la primera vez desde mi secuestro que podía comunicarme con ella.

En ese momento había algunos guerrilleros alrededor y no quería que interrumpieran ese momento sublime; me acosté en mi hamaca y cubrí todo mi cuerpo y cabeza como si quisiera tomar una siesta de la que nadie debía interrumpirme.

Una vez debajo de esa sábana, seguí abriéndola y descubrí que, además, contenía un tesoro que se revelaba ante mis ojos, como si nada más interesara, como si el mundo me hubiera premiado después de tantos momentos adversos…

Una fotografía de Cristy, mi hija.

No pude contener una lágrima… Se veía hermosa, sonriente, con dientes apenas notándose en su boca, mirada inocente.

Parecían decirme sus ojos que me esperaba, que me necesitaba en su vida, que aguantara, que tuviera fuerza, que todo acabaría pronto, que estaríamos juntos otra vez para celebrar todos sus cumpleaños.

-*"Todo eso me decían sus ojos en esa fotografía"*, es lo que sentí.

En esa carta Sixta me daba ánimo, me hablaba de toda la familia y los aconteceres del pueblo, me llenó de alegría, me contó que Henry estaba comunicándose periódicamente con la guerrilla y las cosas, aunque no tan rápido estaban avanzando, que no me desesperara, que todos me esperarían el tiempo que fuera necesario.

-*"Mi amor por ti no ha hecho sino crecer con tu ausencia…"*, leía con atención.

Esa carta fue como un manantial de frescura, de esperanza, de felicidad… la necesitaba, pero además sentía que sería una nueva forma de comunicarme, de saber de mi familia y de conocer el estado de la negociación desde la perspectiva de ellos.

Creo que Ada Luz, a pesar de su corta edad, ya sentía en su corazón que lo que ocurría conmigo no era justo, que no estaba bien y, por lo que percibí, ella intentaba ayudar de esa forma clandestina a cualquiera que estuviera en mi situación, probablemente desde que era una niña.

-*"Sería una gran médica para su gente"*, volví a pensar en esa joven.

Ese mismo día, Ada Luz me comentó que ella oía que, en la serranía, se usaban mensajes de radio para personas que se encontraban en el campo, como felicitaciones de cumpleaños y hasta mensajes de amor para encontrarse en algún sitio a solas.

-*"Eres un genio Ada Luz, un genio"*, le dije.

Mientras tanto, mi mente creaba algo ingenioso, que, aunque no era nuevo, sí lo era para mí.

Ella me miraba sin entender que, con ese comentario, yo encontré la forma de enterarme del estado de la negociación para mi liberación y probablemente de otras cosas.

Pensé que, así como otras personas iban a las emisoras de radio para enviar mensajes de amor, de cumpleaños y hasta de encuentros furtivos a escondidas de amantes...

-"Así me pueden enviar mensajes disfrazados a mí, que puedo escuchar en mi radio transistor cuando sean transmitidos por las emisoras locales", pensé mientras Ada Luz me miraba con extrañeza.

Yo escuchaba por radio la emisora La Voz del Cañaguate, que tenía un programa de 2:00 a 3:00 p.m. llamado *"Así Canta México"*, y otro de 4:00 a 5:00 p.m. llamado *"Vallenatos de Antaño"*.

En esos programas se podían mandar mensajes casuales con otro mensaje oculto dirigido a mí.

Tomé lápiz y papel y escribí en un trozo de papel las instrucciones para enviar los mensajes sin que fueran notados por un oyente desprevenido... o por los guerrilleros.

-"El mensaje radial debe dirigirse a un nombre que empiece por la letra F (aludiendo a mi alias de Fidel durante el cautiverio)... puede ser Franco, Federico, Fabio, Fernando, Fidelina, Fuverio, etc), siempre cambiándolo para no alertarlos, el apellido al que se dirija el mensaje radial debe empezar por la letra E (por mi apellido Echeverry), la negociación para mi liberación será nombrado el ganado, el término los documentos, úsenlo cuando se refieran al dinero que se estaba consiguiendo para el pago, y cuando se refieran a las reuniones programadas con la guerrilla para discusiones o pagos deben llamarlos tramites".

Después, escribí un ejemplo para que lo entendieran mejor; el mensaje que transmitía la emisora debía decir algo así...

-"Se le informa a Fabio Espinosa que la venta del ganado no se ha podido concretar por demoras en los documentos, pero el trámite se tiene previsto en una semana".

Eso significaba para mí que en una semana tenían reunión con los negociadores de la guerrilla, pero no habían logrado conseguir todo el dinero.

Tres días después de haber bajado Ada Luz con esa carta que contenía las instrucciones, mientras me encontraba jugando dominó con los secuestradores a eso de las 4:00 p.m., durante el programa radial *"Vallenatos de antaño"*, por La Voz del Cañaguate, al finalizar una canción de Alejo Durán, escuché...

> -*"Mensaje importante... atento Francisco Escobar, atento Francisco Escobar, se le informa que el ganado que está esperando no ha podido salir porque los documentos no se completaron y el trámite para revisar los requisitos que hacen falta está previsto realizarse en cinco días, le estaremos informando para que esté muy pendiente".*

Miré inmediatamente a mis carceleros para entender si esto les llamaba la atención o si lo oían sospechoso, pero nada... no hubo siquiera un gesto de extrañeza.

El mensaje fue repetido hasta tres veces durante el mismo programa y retransmitido al día siguiente en ese mismo programa.

Yo en mi interior, en silencio, estaba feliz de haber logrado que entendieran esta dinámica y con la que me lograban informar el avance de negociaciones casi en tiempo real, sin incertidumbre.

Seis días después, mientras me encontraba bajo un árbol que permitía una hermosa vista de esa serranía, dejando ver los picos grisáceos más altos de la sierra y la espesa vegetación hacia abajo, prendí mi radio justo al inicio del programa radial, escuché un nuevo mensaje...

> -*"Atento, atento... se le informa al señor Fabio Estrada en Urumita que no se ha logrado completar y poner en orden todos los documentos para la venta del ganado y se aplazará el trámite dos semanas",* decía el locutor en la emisora.

Claramente significaba que no habían logrado ponerse de acuerdo en los montos del dinero del rescate y quedaban aplazados para una nueva reunión con los negociadores de la guerrilla.

Sentí un golpe anímico al escuchar esto, pero a la postre, era mejor saberlo que mantenerme a ciegas.

Aunque algunos de esos mensajes no los podía comprender o no hacían sentido para mí, después los entendería como un intento de enviar mensajes que en nada se relacionaban con el secuestro o la negociación, sino con otros hechos más de familia o sociales.

Creo que Ada Luz en ese momento se convirtió en un ángel en medio del infierno… siempre viviré agradecido con ella.

Lo que hacía ella no estaba libre de riesgos, y creo que ella lo sabía, pero sentía que debía hacer algo para aliviar el sufrimiento de los secuestrados y sus familias, sin interés económico o político, solo ayudar.

Después de varios días de llevar y traer cartas, sucedería algo que me obligó a pausar este método de comunicación…

-"¿Qué lleva en ese bolso Ada?, la veo saliendo y entrando mucho últimamente", le preguntó mi carcelero a Ada justo cuando salía hacia el pueblo, llevando la carta que yo había escrito durante la noche anterior.

-"Nada… mis cosas, ¿por qué?", le respondió Ada Luz.

Yo oía la conversación desde mi sitio con temor, sabía que ella podría estar en serios problemas si era detectada en esa actividad, para ellos de traición… en ese lugar, la traición se pagaba con la vida.

El guerrillero le pidió su bolso, lo puso encima de la mesa volteándolo para dejar salir todo su contenido… peinetas, ganchos de pelo, pintalabios iban cayendo en esa mesa de madera, por último… un paquete de toallas higiénicas.

No quedó muy tranquilo con eso y llamó a una compañera para que realizara una…

"Requisa completa".

Le revisaron hasta su entrepierna… No encontraron nada.

Ada Luz nunca perdió la calma.

Una vez terminada la búsqueda, Ada Luz salió del rancho hacia el pueblo.

Pensé que habría tirado a la basura mi carta y quedé en vilo todo el día esperando noticias suyas, saber lo que ocurrió y cómo no habían encontrado mi carta cuando la revisaron tan exhaustivamente antes de salir.

Pasaron dos días antes de saber nuevamente de ella; ya cayendo la noche, Ada Luz regresó al rancho.

Fue a la cocina, preparó un café y se dirigió a mi esquina; me entregó la taza de café y, debajo del plato, prensada por sus dedos, una toalla sanitaria en su empaque original.

Yo me quedé un poco estupefacto; no sabía qué hacer con esa prenda femenina…

Después de unos segundos, entendí que debía abrir la envoltura de la toalla para encontrar lo que contenía… era una carta de Sixta.

Ahí entendí por qué no habían encontrado nada los guerrilleros cuando la requisaron tan exhaustivamente.

Ada Luz transportaba el correo clandestino en sus toallas sanitarias dentro de su maletín; las guardaba meticulosamente para no generar sospechas y fue un secreto que mantuvimos entre los dos.

Inmediatamente puse la carta debajo de mi almohada para leerla con tranquilidad un poco más tarde bajo la sábana.

Esa era Ada Luz, una mujer muy inteligente, vivaz y de armas tomar.

Nunca me imaginé que una mujer tan sencilla se ingeniaría esa forma de esconder algo que podía causarle inclusive la muerte.

-*"Audacia, inteligencia y vivacidad... una mujer de armas tomar... no la detendrá nada en la vida"*, pensé.

Horas después, leí la carta de Sixta; la quemé en el fogón de la cocina, como siempre hacía con esas cartas.

Esa noche dormí profundamente.

-*"Hoy aliste sus cosas Fidel, esta noche salimos"*, con eso me levantó mi carcelero casi al mismo tiempo del canto del gallo.

De alguna forma me frustraba el hecho de seguir caminando por esa serranía. Pero más frustrante era perder la vía de comunicación que ya había establecido.

Al verme en el espejo por primera vez desde mi secuestro esa mañana, sentí que ya no era yo; mi piel se veía gruesa, un poco arrugada, sin brillo.

Me veía como si me hubieran atropellado muchos años en pocas semanas.

Una barba de color rojizo sembraba desorganizadamente mi mentón y mis cachetes.

Lavándome los dientes, noté que mis encías sangraban con el paso del cepillo; las sentía inflamadas. Pero más que todo, mi cara se veía triste, sin brillo, sin esperanza.

-*"No soy yo"*, pensé en ese momento.

Cerré los ojos por un momento y volví a abrirlos, como si quisiera borrar esa imagen y que saliera una nueva en ese espejo. A pesar de mi escepticismo, lo hice varias veces antes de enfocar nuevamente en lo que me rodeaba.

Pero no...

| 12 |

Mi Familia Lucha por Liberarme

Mientras transcurrían los días de mi secuestro, un maratón de sucesos ocurría en la ciudad, orientado a culminar las negociaciones que llevaran a mi liberación.

-*"A Luisfer le está pasando algo"*, dijo Sixta a su madre ese día.

El comentario salió de la nada; ella en ese momento no había tenido noticias mías y mucho menos sabría si algo me sucedía.

Su madre estaba de visita en apoyo a la situación, casi siempre acompañada de su padre.

-*"Presiento que se va a morir"*, terminó diciendo.

Curiosamente, esto ocurrió el mismo día en que yo tenía el dolor del cálculo renal, como si presintiera, como si estuviera conectada con mi dolor.

Sixta, al igual que sus padres, pasaba muchos días en San Juan con su hija, lo que serviría, no solo como un valioso apoyo moral, sino para ayudar económicamente en la solución y lo más importante... *la presencia de los abuelos con Cristy.*

Mientras tanto, por varios días mi hermano Henry seguía tocando puertas para conseguir al menos parte del dinero que pedía el ELN.

Muchos abrieron las puertas, pero otros simplemente no podían ayudar.

Toda mi familia se frustraba ante la falta de avances.

Cada uno por aparte trataba de encontrar formas de ayudar, preguntaba a amigos, pero sentían que no era suficiente lo que aportaban, simplemente no sabían cómo ayudar.

Las cuentas todavía se encontraban congeladas por cuenta de la ley antisecuestro vigente en ese momento.

No encontraban compradores que rápidamente ofrecieran el dinero por algunas tierras o propiedades que, a su vez, tendrían problemas por la imposibilidad de hacer una venta oficial.

En ocasiones, aprovechaban la oportunidad para ofrecer cifras irrisorias sabiendo la necesidad por la que pasábamos en ese momento.

Parecía que los caminos se cerraban cada vez que surgía una vía para conseguir recursos para ese fin.

Henry llamaba sin falta cada dos o tres días a la emisora La Voz del Cañaguate, pidiendo un mensaje para ser transmitido.

-"Atención mi gente de Valledupar y los alrededores, se le informa a Franco Elibonde que se están consiguiendo los documentos del ganado por Celcaribe por noventa cabezas", decía el locutor en el programa.

-"Esperando la fecha del trámite", seguía.*" Ahora escuchemos esta canción de Luis Miguel..."*

En la montaña, yo oí ese mensaje y entendí que tal vez la única forma de conseguir parte del dinero para mi liberación era vender las acciones por un costo de noventa millones de pesos que yo había comprado de la empresa Celcaribe.

En ese momento esa compañía se perfilaba como una de las más cotizadas en el negocio de la telefonía celular, haciendo sus primeros pinos en el país.

Ciertamente, aún no entraba en pleno funcionamiento para ese momento.

También entendí que no había todavía fecha concertada para una próxima reunión de Henry con los negociadores.

La comunicación se hacía muy difícil entre los negociadores y mi familia, y la negociación estaba estancada.

La comisión de negociación de la guerrilla le ordenó a Henry que pusiera un radio de comunicación en la casa que servía para coordinar reuniones.

En principio, era una buena idea; los ayudaría a avanzar en el proceso.

Para identificarse, mi familia, ya fuera Sixta o Henry, serían llamados F1 y la guerrilla sería F2.

Sin embargo, pronto se convirtió en una forma de atemorizar a la familia con amenazas de mi muerte si no se apresuraban con el dinero.

Con el radio en mi casa, Sixta se convirtió casi en la vigilante del radio y, por supuesto, la que generalmente respondía cada vez que se oía…

-"F2 para F1, responda F1".

Fueron tantas las amenazas de matarme pronto, que varios días después de instalado el radio…

-"Acá F2, siga F1", respondió Sixta ese día.

Inmediatamente se unieron Henry y Elda al lado de Sixta para oír lo que se decía.

-*"F1, parecería que no se tienen interés por el doctor, ya estamos llegando al límite de tener que deshacernos de él si no se paga lo que pedimos"*, dijo el interlocutor de la guerrilla en tono claramente amenazante.

Ya eran muchas las veces que Sixta y Henry habían oído esta amenaza, y, aunque inicialmente les causaba temor, especialmente a ella, con la repetición, ya no causaba el mismo efecto.

Era un temor mezclado con ansiedad, aunque para ese momento entendían que se trataba de palabras que debían causar miedo para apresurar la entrega de la mayor cantidad de dinero posible.

-*"Atento F2, ¡hagan lo que tengan que hacer!, cambio y fuera"*, respondió Sixta con una mezcla de rabia e indignación.

Henry abrió los ojos completamente cuando escuchó eso.

Él nunca se imaginó que Sixta pudiera ser tan dura, tan contundente. Se quedó mirándola fijamente con incredulidad. Sixta cerró la comunicación del radio y se quedó inmóvil, pero pronto se sintió temblorosa, sentía que se desmoronaba.

-*"Perdón, no sé por qué me salió eso; no aguanto más a esa gente, creen que están negociando un bulto de papas"*, dijo.

En ese instante, unas lágrimas salían de sus ojos y empezaba un sollozo con sentimiento lánguido. Henry entendió lo que sucedía en su interior y la abrazó como señal de apoyo total.

Hoy siento que fue un movimiento inteligente, aunque, ciertamente, el móvil fue sentimental.

A partir de ese día, la radio se mantuvo en silencio, sin llamadas por parte de la guerrilla, lo que hacía que Sixta también sintiera, al igual que le sucedía a Henry, que habían fallado en la misión de negociar por mi vida.

Lloró mucho, cada día, pero también se arrodilló mucho ante Dios para pedirle por mí.

Mi madre, por su parte, no paraba de llamar a cuánta persona sabía de algún secuestro para pedir ayuda, y encontró eco en Felipe, un antiguo amigo que, desde la muerte de mi padre, quiso acercarse a ella; la pretendía.

Felipe se daba aires de tener mucho conocimiento del tema, aunque era solo eso… aire.

Él la visitaba frecuentemente, y aunque ella realmente no tenía ningún interés más allá de una amistad, sí le entretenían sus visitas.

Ya antes de mi secuestro yo mismo le advertí que no tenía simpatía por ese personaje, al menos no como algo más que un amigo para ella, tal vez solo eran celos de hijo.

Sin embargo, mi madre, que era un personaje sui generis, no permitía que le dijeran lo que debía hacer.

Mi hermana, ya casada, sentía el vacío de su hermano mayor en un lugar que para ella era tal vez fuera de esta tierra, ella era citadina, no del campo, sentía que yo iba a morir sin las comodidades de la ciudad.

José Daniel, aún muy pequeño para entender la complejidad de la situación, preguntaba por mí de vez en cuando, pero siempre pensó que estaba en un viaje de negocios, como le decía mi madre.

Mis suegros llevaban a Sixta cada semana, sin falta, ropa, tajadas de plátano en cajas y muchas otras cosas que creían que podían hacerme llegar por las mismas vías que habían encontrado para enviar las cartas, de hecho, entre esas cosas, una chaqueta me acompañó gran parte de mi estadía en la montaña, siempre me recordó a mi suegro.

Muchas vidas se paralizaron en ese momento, muchos momentos de tristeza causó ese secuestro, que sin querer me envolvió en un mundo incierto de sensaciones que hasta hoy puedo ver más claro en mi mente.

Sixta conoció por esos días a ese ángel, Ada Luz, que sin interés diferente de hacer lo que consideraba justo, recogía las cartas y servía de bálsamo a tanta incertidumbre.

Conociendo a mi esposa, sé, aunque ella lo niegue, que había muchas cosas que ella quería enviarme y que para esa joven era imposible... Un televisor, cobijas, alimentos...

Pero el solo hecho de saber que estaba bien ya se convertía en tesoros que iban y venían de esa montaña, que se convertía en mi cárcel.

Creo que Ada Luz apareció en el momento del secuestro en que debía aparecer, y porque no...

-*"Fue enviada por mi padre".*

| 13 |

Semana 13, El Derrumbe

Después de enterarme de la ruptura de comunicación por radio que con tanto esfuerzo habíamos logrado, siguió una etapa de tortura psicológica contra mí.

-"Fidel, su familia lo abandonó, cerraron las vías de comunicación, vamos a tener que solucionar eso de otra forma, le manda a decir Milton", me decía Emel casi a diario.

Ya para ese momento habíamos salido del rancho *"La Altura"*; eso significó la pérdida de la vía de comunicación a través de Ada Luz con mi mundo.

Nos adentrábamos caminando otra vez a la selva montañosa, al anonimato del secuestrado; me alejaba del sitio donde me sentía seguro, cómodo, a pesar de las falencias y de la falta de libertad.

Me alejaba de la única comunicación que logré con Sixta y Cris, con Henry, con mi pueblo… con el mundo que conocía. Solo me quedaba el pequeño radio transistor de batería al que me aferraba como a mi propia vida.

Por el anuncio radial, sabía que se encontraban en el proceso de vender las acciones de Celcaribe, que, aunque era una empresa naciente, ya prometía un crecimiento importante y sus acciones se valorizaban rápidamente.

Me incomodaba la idea de tener que vender cosas que había obtenido con tanto esfuerzo y pensando en asegurar el futuro para la empresa y la familia, pero con las cuentas embargadas y la imposibilidad de ponerme al frente de las negociaciones y los movimientos de banca, no veía yo mismo otras opciones.

-*"Es una buena idea"*, pensé en ese momento, mientras caminaba con ese grupo de extraños que ya empezaba a ver como mis amigos.

Era una sensación extraña: con los días esos personajes que me secuestraron y cuidaban todos mis movimientos, que coartaban mis libertades, poco a poco se convertían en mi círculo social. Tal vez porque las pequeñas necesidades diarias dependían de ellos, y aunque en un principio odiaba esa sensación, ahora se convertía en agradecimiento por detalles que realmente ahí, en esa situación, mejoraban mi existencia.

Una pasta de dientes, un poco de queso, un cortaúñas se volvían objetos de gran valor en ese lugar y un motivo de agradecimiento si me los suplían ellos.

Mientras caminábamos, una lluvia caía despacio, pero sin cesar; el suelo se hacía cada vez más húmedo en esa montaña y cada vez más difícil de transitar. Mis botas, a pesar de ser de excelente calidad, ya dejaban ver el resultado del uso intenso para lo que no estaban diseñadas.

La noche iba cayendo y se hacía peligroso seguir caminando por esa montaña que cada vez se volvía más empinada con senderos mucho más angostos e intransitables.

La lluvia se hacía más intensa y empezó el frío a minar nuestros músculos, por lo que los jefes decidieron armar pequeñas tiendas de campaña en la misma trocha de la montaña, porque ya no se veía el terreno y no encontrábamos un lugar plano para hacerlo.

Mi tienda, junto con la de mis dos carceleros, era la penúltima en la fila, detrás de la mía; a unos dos o tres metros en la última tienda descansaría Eduardo, quien además era ese día el encargado de algunas provisiones de alimentos, actividad que ellos llamaban "*rancho*".

Nos recostamos contra la montaña con el precipicio al frente, casi no podíamos movernos y estábamos completamente mojados por la lluvia. Sentía que todos teníamos el mismo temor.

La oscuridad era absoluta.

Siguiendo el ejemplo de los demás, cubrí mi cuerpo con la tela impermeable de la tienda de campaña para evitar el viento frío que progresivamente se sentía más fuerte. Mi radio dejó de transmitir y parecía no tener señal. Nos quedamos quietos y el cansancio me vencía a tal punto que, a pesar del frío, la brisa, la lluvia y lo incómodo del terreno, estaba adormitado.

-"*Bruuummmmmm*", se oyó un gran estruendo justo a mi lado.

Se sintió como si hubiera caído una bomba cercana, inicialmente un sonido suave que se incrementaba progresivamente y sentía que el suelo debajo de mí temblaba a medida que aumentaba el ruido que, en algún momento, se volvió ensordecedor... terrorífico, y después de unos minutos fue reemplazado por un silencio sepulcral.

Yo asomé la cabeza para entender lo que sucedía, pero la lluvia y la oscuridad no me permitían visualizar nada, por lo que desistí de intentarlo.

-"*¿Qué pasó allá?*", preguntó Emel desde la tienda más avanzada del camino.

-*"No sabemos comandante: un ruido muy fuerte, pero no se ve nada"*, respondió mi vecino de tienda.

-*"Mucho ojo, no vaya a ser que los chulos"*, como nombraban al ejército, "anden por ahí, mantengan sus armas en pie porsiaca...", repostó Emel desde su tienda.

Durante toda la noche no se volvió a oír nada diferente de las ráfagas de viento, la lluvia, que por momentos parecía granizo, y uno que otro relámpago. Fue una noche larga en vela.

Con la llegada de la mañana, hizo su aparición la claridad nublosa del nuevo día; la lluvia se había convertido en un leve granizo y no había ya brisa. Al salir de la tienda, no podía creer lo que mis ojos veían...

A escasos veinte metros de mi improvisada tienda, un derrumbe monumental de la montaña había arrasado el camino detrás de mí, por donde habíamos pasado antes de decidir parar; no quedó nada; la montaña barrió todo a su paso. Se veían árboles gigantes con sus raíces, grandes rocas y mucha tierra y mucho lodo.

-*"Dios es grande"*, pensé; podría haber quedado sepultado en ese derrumbe.

Pero Eduardo no había corrido con la misma suerte...

-*"¡Eduardoooo, Eduardoooo, Eduardoooo!"* gritaban con insistencia Nidia y otros guerrilleros.

Ella se encontraba a dos tiendas de campaña delante de mí, pero fue la que notó que faltaba la última de las tiendas, porque Eduardo parecía ser su novio o "plante" sentimental, como le llamaban ellos.

Con ese derrumbe de magnitud enorme, cambió totalmente de paisaje, el sitio quedó irreconocible, había árboles volteados que dejaban ver raíces expuestas de más de tres metros de altura, la cantidad de tierra que cubría el terreno era descomunal, aunque no alcanzó el riachuelo, lo que hubiera empeorado la situación por el riesgo de represamiento de aguas y desborde.

Intentaron organizar la búsqueda de Eduardo, pero solo ubicar el sitio donde pudiera estar era imposible; toneladas de tierra y troncos escondían ese cuerpo. Probablemente ni siquiera con maquinaria pesada se podría recuperar.

Fue un momento muy triste, inclusive para mí, que no tenía ninguna relación cercana con él, pero habíamos compartido por semanas y era un muchacho muy cordial y había avanzado mucho en la alfabetización. La montaña se lo había tragado literalmente, no había un solo rastro de él o de su tienda.

Nidia se debatía entre el llanto y la impotencia; no sabía qué hacer. Ella insistía en buscar su cuerpo, pero al mismo tiempo se dio cuenta de que el suelo que pisábamos se hacía blando y podía sentir que se deslizaba un poco, lo que hizo que todos nos sintiéramos en riesgo de un nuevo derrumbe, especialmente yo, que me encontraba en ese momento casi al lado de esa tragedia.

Rápidamente recogimos nuestras tiendas y apresuramos el paso; el terreno estaba todavía húmedo por la lluvia.

-*"Eduardo murió en su ley, preso por la montaña, así como estoy preso yo"*, pensé en silencio.

Me sentí aterrorizado, pero con tristeza de saber que ese *"soldado raso"* de la guerrilla no volvería a ser visto por su familia, por sus amigos, simplemente…

-*"Desapareció".*

-*"Qué frágil es la vida"*, seguía pensando en silencio mientras caminaba presuroso detrás del grupo para salir del área de peligro.

Mientras avanzábamos, miraba hacia atrás, recordaba aquella mula que me cargó y, por desgracia, quedó abandonada en tierra de nadie, recordada por nadie, esperada por nadie…

El sentimiento de tristeza del grupo era evidente, cesaron las bromas y conversaciones, todos caminaban en silencio, fúnebres. Se sentía el legítimo dolor de haber perdido un compañero con el que habían compartido varios años en la guerrilla; fue un golpe muy duro para el grupo.

En cierta forma yo mismo sentí un vacío extraño… por escasos veinte metros habría podido estar yo, ahí enterrado bajo toneladas de lodo…

-¿Qué le dirían a mi familia?", pensé.

Cavilaba sobre las explicaciones que recibiría mi familia y más adelante, al crecer mi hija…

-"Fue fusilado por intentar escapar… fue mordido por una culebra venenosa… tal vez… fue atacado por un jaguar salvaje… se suicidó… o quizá… no sabrían nada", pensé.

Sabía que nos esperaban varias horas de caminata y yo ya no tenía fuerzas; me sentía débil. Un leve dolor me molestaba intermitentemente en mi flanco derecho, pero debía seguir; no había intenciones de parar temprano ese día.

A eso se sumaba cierta sensación de abandono: había perdido comunicación con mi familia, ya no estaba Ada Luz, se acabó la comunicación radial y no había vuelto a escuchar mensajes por la emisora, el fallecimiento de ese muchacho justo a mi lado, enterrado en la selva, sin valor ni trascendencia.

-"Estaba desmotivado".

Ya pasaba de las 8:00 p.m. cuando encontramos un pequeño rancho vacío donde decidieron pasar esa noche. El rancho tenía un fogón de leña que hábilmente encendieron y yo inmediatamente ubiqué mi lugar de descanso casi pisando el carbón, me quité las botas y medias, mis pies mostraban la piel arrugada de la humedad, con olor penetrante y, ya entre los dedos, se podía ver el color blancuzco que anunciaba que crecerían hongos. Sequé los pies y los puse frente al fuego.

Esa noche tuvimos unas horas entretenidas entre juegos de parqués y monopolio.

-*"¿Fidel, usted ha visto casos muy complicados de medicina?"*, me preguntó Jair, sentado a mi lado.

-*"Muchos Jair, algunos tan complicados que se murieron"*, le respondí jocosamente, *"recuerda que me entrené en el hospital militar, vi soldados mutilados, con balas en el cráneo, amputaciones, enucleaciones de ojos... muy triste la violencia que vi de este país en esos soldados Jair... muy triste"*, terminé diciéndole.

Él me seguía con atención, bajando la vista como si se sintiera inteligentemente aludido. En algún lugar de ese rancho había una botella de aguardiente antioqueño que abrieron. Yo les pedía que cada uno brindara por lo que más quería.

-*"Por mi mamá que me espera en el rancho"*, decía alguno, *"por mi taita que me enseñó a ser varón"*, otro, *"por mi novia que me espera en Arauca"*, *"por mi hija que nació en Jericó, Antioquia"*... y así cada uno brindaba.

El último suspiro de la botella lo serví en mi pequeño vaso de plástico y lo levanté en mi mano...

-*"Yo brindo por ustedes, que algún día logren los objetivos que se han trazado en sus vidas, que se llenen de la felicidad que se merecen, porque cada uno de ustedes es especial, tienen familias, amigos, personas que los esperan, personas que confían en ustedes.... por cuidarme y protegerme, brindo por Eduardo, héroe de su causa... ¡por ustedes amigos!!!!'*, dije con voz firme.

Eso causó un sentimiento de amistad conmigo, de confianza. No sé si lo que dije lo sentía de verdad, o eran las únicas personas con las que había convivido por muchas semanas, o como estrategia para ganar la confianza de quienes dependía mi vida o mi comodidad.

-*"¡Viva Fidel!!!!!"*, gritó uno de ellos con alegría.

-*¡Que vivaaaaa!!!!"*, gritaron varios al unísono.

En mi interior sabía que no era el sitio donde deseaba estar, pero por alguna razón me empezaba a sentir a gusto con esos seres que, en verdad, estaban más secuestrados que yo.

El cansancio fue apoderándose de la noche y todos, excepto los que quedaban de guardia, nos acostamos a dormir.

Había dos velas que daban una luz tenue pero confortable al lugar. Ya mis ojos se cerraban con mi cuerpo acostado boca arriba y mis brazos en mi cabeza, como dando la sensación de tener una almohada.

Sentí un golpe seco entre mi pecho y mi abdomen; no sabía qué podía ser, aunque no sentí dolor. Miré hacia abajo y lo que vi me paralizó; no podía moverme.

-*"¡Emmmeeel!!!'*, grité.

En menos de dos segundos, mi carcelero, que se encontraba muy cerca de mí, casi sin tocarme, con una habilidad pasmosa, agarró con su mano la serpiente que había caído desde el techo sobre mí, que se enrolló rápidamente en su antebrazo.

-*"Es una serpiente Boa bebé Fidel, por eso cayó, aprieta duro, pero no es venenosa, la madre podría estar cerca"*, me dijo mientras parecía jugar con ella.

Me tranquilizó saber que quien parecía ser un experto en serpientes para mí no sentía preocupación por la boa. La hizo su mascota, la cargaba adonde iba.

En verdad, esa serpiente tenía una combinación perfecta de colores café y verde con figuras geométricas increíbles; nunca había tenido tan cerca un animal de estos y después de verla varias veces, supe la razón por la que su piel es tan apreciada en los mercados.

Por supuesto que no volví a pegar el ojo esa noche; quería evitar que la madre de esa serpiente bebé quisiera conocerme a mí también. Me convertí en el vigilante del techo durante esa noche, aunque no sé a qué hora el sueño me invadió y creo que logré descansar unas horas.

Posteriormente hubo risas y chanzas con el tema de la culebra en la hamaca; unos decían que preferían eso a una mujer brava…

| 14 |

Semana 15, Calculo Renal

La rutina por momentos se volvía insoportable; los días pasaban y era más de lo mismo.... desayunar, la charla subversiva, el baño cuando se podía, el almuerzo, jugar cartas o parqués en las tardes y cenar, volver a caminar, trasladarnos de un sitio a otro, no tener noticias.

No saber nada, era asfixiante y desconcertante, la fatiga ya se veía hasta en los integrantes del grupo que me custodiaba, estaban agotados física y mentalmente, lo que causó, en esos días algunos relevos de guerrilleros.

Yo tenía cada vez menos interés en entablar nuevas relaciones, eso era muy desgastante para mí, unos se iban y otros llegaban a cuidarme, esos cambios me devolvían un sentimiento de soledad, a pesar de siempre estar acompañado.

Cualquiera de esos días, habiendo pasado varias horas de caminata bajo un clima soleado y caluroso, después de dos previos anuncios con una sensación de molestia en mi flanco derecho que pasé, por alto, no porque no lo sintiera, sino porque sabía lo que significaba, y si progresaba, no tendría más opción que hacer parar a todo el grupo, que en ese momento caminaban entre árboles para evitar un avión de reconocimiento de la Fuerza Aérea que parecía merodear por el área.

Minutos después, sentí un dolor intenso en mi abdomen irradiado a la pelvis y el testículo derecho. No pude aguantar mi posición, sentía que me desplomaba, empecé a sudar profusamente, mi boca estaba seca, fuertes arcadas de vómito que se repetían una tras otra hasta sentir que no podía respirar... caí al suelo sin encontrar posición que aliviara ese dolor, temblaba sin control.

No logro recordar cómo aparecí minutos después en el interior de un rancho bastante primitivo, de madera y piso de tierra, acostado en una hamaca.

Ahora, cuando lo pienso, creería que estuve delirando y fui cargado a ese lugar por los guerrilleros, que para ese momento me tenían un afecto especial, o por lo menos eso sentía.

Yo sabía exactamente lo que ocurría... el infierno de un nuevo cálculo renal hizo su aparición; era la tercera vez que me sucedía, pero esta vez parecía volverse insoportable.

Después del primer episodio durante el secuestro, yo tenía en mi morral medicamentos para el dolor que había guardado precisamente porque sospechaba que podría recurrir...

-*"Y así pasó"*.

El dolor se intensificó, al punto de que yo sentía que iba a perder el conocimiento nuevamente; la respuesta a los analgésicos que tenía a la mano era pobre. Emel y Jair se me acercaban cada cinco minutos con preocupación.

-*"Le vamos a traer ayuda Fidel, no se preocupe"*, me decían una y otra
vez.

Yo no sabía a qué ayuda se referían, y francamente no tenía la mente clara en ese momento de tanto dolor.

Tres o cuatro horas más tarde, casi a las 2:00 a.m., entraba en ese rancho un sujeto al que, una vez adentro, le quitaron una venda de los ojos.

-*"Este es el doctor Morales; lo trajimos de Urumita"*, dijo Emel.

Yo traté de ser empático, pero, francamente, estaba con mucho dolor; lo único que necesitaba era calmarlo.

El doctor, amable pero un poco asustado, me puso varias inyecciones intramusculares que en algo aliviaron mi dolor, pero solo por pocos minutos.

-*"Hay que ponerle líquidos por la vena y morfina; parece que ese cálculo no va a poder salir solo y podría causar una infección, de pronto necesita una intervención de un urólogo"*, dijo el doctor Morales.

Mientras tanto, seguía examinándome... Yo sabía exactamente de lo que hablaba.

-*"Doctor tiene que resolver acá, ¿es que acaso usted no es doctor?"*, le dijo Ardila de forma intimidante.

Ardila estaba parado frente a él con una ametralladora colgando de su hombro.

-*"Se les va a morir si no lo sacan rápido; está muy deshidratado"*, dijo el doctor.

El doctor fue sacado nuevamente del rancho con vendajes en sus ojos.

Me dejó varios medicamentos, incluyendo inyectables, que yo mismo podría aplicarme. Para el momento en que se fue, ya el vómito había cesado y pude empezar la hidratación oral.

Los siguientes nueve días transcurrieron con episodios recurrentes de dolor que llegaban en ráfaga y me debilitaban mucho. A pesar de la náusea, lograba ingerir líquidos, pero no lograba comer alimento alguno; sentía cierta borrachera que causaban los opioides inyectados que tenía a la mano y, en ocasiones, los usaba más veces de lo sugerido para mitigar el dolor.

Yo mismo me inyectaba en el dorso de mi mano izquierda donde encontraba fácilmente venas para canalizar, aunque en pocos días mi mano estaba hinchada; las venas se veían tortuosas y engrosadas, brotadas por la inflamación que producían las inyecciones.

La preocupación del grupo de carceleros por mi salud era evidente; los oía murmurar a mis espaldas las posibles opciones en caso de empeorar… sacarme cargado en una hamaca, bajarme a la estación hasta que llegara un vehículo, dejarme ahí y traer más enfermeras y médicos, en fin, yo notaba el temor de que el tema conmigo se estaba complicando.

Uno de ellos se acercó…

-*"Vamos a comunicarnos con los jefes a ver qué hacemos"*, dijo Emel, *"la verdad, usted está muy débil y se le ve amarillo"*, me dijo.

Luego de unos días, Milton, quien fungía como negociador de mi caso, entró en el rancho. No podía esconder la cara de asombro al verme.

Era justificada; de la persona que había visto la primera semana de mi secuestro ya no quedaba nada.

Había perdido más de 30 kilos; mi cinturón daba la vuelta completa a mi cintura; los pantalones parecían doblar mi talla, sucio, con una barba rojiza y desaliñada.

Tirado en una improvisada cama con mis manos en el vientre quejándome sin parar, pero sin aliento siquiera para moverme. Se acercó con evidente preocupación; se mostraba empático conmigo.

-*"Fidel, ¿cómo se siente?"*, me preguntó con su mano en mi hombro.

-*"Muy mal Milton, muy mal"*, le respondí con una voz arrastrada por el escaso aliento que tenía.

-*"Vamos a tener que hacer algo Fidel, sé que vino el doctor Morales... él piensa que se puede agravar la situación"*, me dijo.

En ese momento entendí que, a pesar de mi dolor, debía ser sagaz en ese instante de inflexión, para lograr lo que desde el principio yo había buscado... negociar directamente mi secuestro.

-*"No creo que pueda aguantar esto Milton, mi cuerpo no está diseñado para resistirlo más tiempo"*, le decía.

Mientras tanto, fingía que me quedaba adormecido por segundos, como si no resistiera estar completamente alerta.

Aunque en ese momento sí tenía dolor y me sentía muy mal, me movía más la necesidad de lograr mi objetivo principal, debía mover esa fibra, cerrar el cerco a Milton... llevarlo a pedirme negociar conmigo mismo, terminar rápido con esta situación.

Mientras estaban todas las cabezas importantes frente a mí, incluidos Milton, con su compañera sentimental, Ardila, Emel, y otros que no conocí antes, hice varias arcadas en señal de estar cercano a vomitar.

Me levanté con ayuda de algunos de ellos y pedí una vasenilla para orinar, Nidia me la alcanzó, me volteé y le di la espalda a los que estaban en el lugar.

Al iniciar la evacuación, sentí un intenso ardor, pero me impresioné al ver salir orina completamente roja; eran trazas de sangre causada por el movimiento del cálculo renal hacia la vejiga.

Sabía que debía aprovechar el momento y definitivamente la sangre es siempre alarmante… al terminar de orinar, les mostré la vasenilla llena de líquido totalmente rojo, todos se veían aterrados, como si sintieran mi dolor, Emel se llevó las manos a la cabeza y mostrando algo de nausea, salió del lugar, a lo lejos le escuché hablarle a su mujer.

-*"Fidel está muy mal."*

-*"Debo vomitar"*, pensé silencioso.

En ese momento, se volvió parte de mi plan; debía empujar la situación a un extremo.

Aunque parezca extraño, sentí de pronto la presencia tranquilizante de mi padre, de su espíritu que me acompañaba… una confianza inmensa me cobijó por completo; me cubrió de una claridad mental que me sorprendió.

Una gran bocanada de vómito bilioso salió de mí como un proyectil, yo torcí los ojos hacia atrás como quien es poseído por el mismo demonio, flexioné mis manos como quien convulsiona y contraje todos mis músculos intensamente por unos segundos

Todos guardaron silencio; yo sabía que me miraban porque lo hice justo cuando era el dueño de su atención.

Pasados escasos segundos, hice gestos de ligero aturdimiento, pero abriendo los ojos en señal de que ese episodio había pasado.

Dentro de mí, al terminar mi imitación de convulsión, deseaba que el efecto fuera el que yo esperaba…

Los miré uno a uno, sucio con mi propio vómito y sin fuerza. Mientras los miraba, me daba cuenta del resultado…

-*"Lo logré, los tengo"*, pensé.

Principalmente Milton se veía convencido, y él era el centro de la diana de mi acto.

-*"Me oye Fidel?"*, preguntó Milton.

-*"Sí Milton, perdón, no sé qué me pasó"*, le respondí mientras me incorporaba un poco en señal de que sería capaz de mantener una conversación.

El dolor en mi abdomen, justo en ese momento, empezó a aumentar nuevamente, pero yo debía aguantarlo sin mostrar queja, había llegado el momento en que necesitaba estar en contacto.

-*"Milton, no creo que esto mejore; voy a necesitar atención médica, de pronto una cirugía para expulsar esa piedra, pero la deshidratación se va a hacer cada vez peor por los vómitos, tú sabes que debemos apresurar esto... yo soy el único que puedo negociar por mi propia liberación... tú lo sabes"*, le dije.

Dejé una breve pausa y, sin dejar que lo pensara, seguí.

-*"Ya te has dado cuenta de que nadie en mi familia está preparado para este tipo de movimientos de dinero, por eso tuve que abandonar mi carrera médica para que todos pudiéramos conservar la empresa que nos da de comer"*, seguí diciendo mientras lo miraba fijamente.

Al mismo tiempo, de reojo, yo miraba la actitud de su compañera sentimental, que asentía con su cabeza, como dándome la razón, y lo mismo hacía Jair, que, de seguro, quería resolverlo pronto porque era él quien debía mantenerme en vida; era su misión.

-*"Está bien Fidel, yo voy a proponer al comando central que apliquemos esa vía con usted, pero no le prometo nada"*, me dijo retomando un tono más duro.

Era entendible porque él era el más antiguo en jerarquía y además el que manejaba las negociaciones de ese tipo… no se quería mostrar débil. Pero yo sabía que ya lo había logrado.

En mis cálculos mentales, el comando central, como él lo llamaba, no iba a tomar ninguna decisión; era él mismo.

Su trabajo era obtener el dinero y reportarlo a ellos cuando ya lo recibiera… cómo y cuándo lo hizo no era probablemente de mayor relevancia.

Solo debía esperar un poco más; debía tener un poco de paciencia.

Otro vómito, aunque menor, precedió a la salida del grupo de ese rancho, solo para recordarles el primero… que no olvidaran.

Al día siguiente, a eso de las 3 de la tarde, después de un dolor inmenso, oriné una piedra color marrón monumental que no podría explicar de una forma coherente cómo podría haberse abierto paso por la uretra, pero para mí fue como un parto que debía suceder, desde ese momento, sabía que lo iba a lograr, que iba a salir vivo…

-*"Que morir no es una opción para mí..",* pensé sin poder evitar que una pequeña sonrisa se mostrara en mis labios.

No les dije nada a los guerrilleros; quería que siguieran pensando que estaba delicado de salud y que debían ceder muchas cosas para lograr obtener el dinero que al final era su única meta y muerto ya no valía nada.

Así que seguí con mi plan para lograr concertar directamente con ellos y negociar mi salida.

Ese debía ser mi objetivo en ese preciso momento.

| 15 |

La Negociacion

Poco más de una semana después, tanto Milton como otros negociadores que lo acompañaron se instalaron en la misma área en que nos encontrábamos.

Claramente ya había, al menos, un principio de *"autorización"* para hacerlo directamente conmigo.

Para ese momento, después de varios intentos frustrados por parte de Henry, el fracaso de la comunicación directa a través de un radio de onda corta instalado en mi casa y muchos sucesos más, parecía que todos estábamos ahora más dispuestos a llegar a un acuerdo.

Yo estaba en ese momento más empoderado, en el terreno que prefería, teniendo el control de la situación para mí mismo.

Sabía que debía ser estratégico para seguir liderando el proceso, que era ese el preciso momento de inflexión en el que dejaba de depender de las acciones lejanas que mi familia pudiera desarrollar y volcar toda la atención hacia la persona que realmente podría tomar las decisiones…

"Fidel".

Había algunas señales que yo debía interpretar cuidadosamente y que mostraban lo que en ese momento específico se convertía en la dis posición de acercarse más a mí, para finiquitar lo que para ellos era un negocio, pero para mí era la vida misma.

Una de esas señales era el rumor que corría entre ellos de que debían trasladarse al departamento de Arauca, probablemente por cuestiones de estrategia militar.

Arauca era conocido como el fortín de las guerrillas, donde más poder ejercían y con mayor libertad.

Yo sabía que llevarme a esa área bastante distante de la zona norte de Colombia era dispendioso para el grupo a mi cargo y eso se convertía en una presión para acelerar la negociación.

Por otro lado, mi temor con esa posibilidad era que a cualquiera de los comandantes se le ocurriera asesinarme para no seguir incurriendo en los gastos y la dificultad de avanzar en el terreno en mi estado de salud, y hacerlo bajo la premisa de que la familia no *"colaboró"* con el pago. Peor aún …

   -"Estaría mucho más lejos de mi región, más incomunicado y con menos poder propio para negociar", pensaba yo… "estaría en manos de otro grupo de carceleros y probablemente junto a otros secuestrados".

Esa idea me aterraba y sabía lo importante de cada palabra, cada actitud y cada movimiento que realizara en ese momento crítico… no podía dejarme llevar por el miedo, pero era inevitable que mi mente se sumergiera en pensamientos…

-"¿Por qué debía yo pagar a un grupo ilegal dinero por mantenerme en vida o por devolverme a la vida?... "

-"¿Por qué el Estado era incapaz de mantenerme seguro, así como a cualquier otro ciudadano en Colombia?..."

-"¿Por qué, una vez incapaz de velar por mi seguridad, además me impedían pagar de mis cuentas por mi vida?"...

-"¿Por qué esas personas hacían ver el secuestro como algo loable para el pueblo que decían representar?"...

Eran muchas las preguntas que corrían por mi mente.

Sentí que se acercaba el momento de jugarme mi supervivencia cuando, sentado al frente de una fogata, justo al lado del rancho asignado a mí, se acercaron uno a uno Milton, Emel, Ardila y otros dos compañeros de Milton que yo no conocía. Me saludaron y se sentaron junto a mí, como rodeando el fuego.

Sabía que venían a hablar conmigo… y sabía el tema.

-"Bueno Fidel, como una situación excepcional y debido a las condiciones de salud que usted presenta, hemos sido autorizados por el comando central a negociar esta retención directamente con usted, cosa que no nos gusta, pero también al poco avance que hemos tenido con su hermano, quien se ha mostrado reticente a ofrecer una suma decente por su liberación y por su vida, a pesar de que le enviamos un mensaje sobre su delicado estado de salud.", dijo Milton.

-"Milton, Henry ha hecho lo humanamente posible, es un muchacho muy joven y seguro ha sufrido mucho por mi situación, pero él sabe que no puede ofrecer lo que ustedes le han exigido, así como yo lo sé también, pero al menos yo puedo tramitar, resolver… si estuviera en libertad, además, yo mismo quisiera saber… ¿de dónde sacaron la conclusión de que yo podría pagar la cantidad que están pidiendo … cómo llegaron a ese número?", terminé preguntando.

Yo sabía que ese era el primer punto a debatir… poner en duda la exactitud de la suma.

-*"Después de analizar su situación económica, sus bienes y la forma como han vivido ustedes, consideramos que mil millones de pesos es la suma apenas justa que deben pagar para apoyar la revolución; usted sabe y se ha podido dar cuenta de que la organización requiere recursos para mantener a sus hombres en pie de lucha, mientras llegamos al poder y cambiamos definitivamente este país"*, respondió Milton.

-*"Con razón no han avanzado nada con Henry; es una locura... están fuera de todo contexto y realidad; es imposible hoy o dentro de un año o más reunir ese dinero..."*, dije y quedé unos minutos en silencio, como esperando que entendieran el mensaje.

Yo caminaba de un lado a otro como ofuscado por lo que oía, exageraba un poco mi molestia y alzaba la voz.

-*"Con razón Milton...con razón no han llegado a nada con mi familia; no existe lógica en su exigencia"*, dije.

Mientras tanto, me sentaba en un tronco con mis codos apoyados en mis rodillas y mis manos agarrando mi cabeza y jalando mis pelos en señal de desespero.

-*"Tranquilo Fidel, la idea es llegar a un acuerdo, pero tranquilícese que le va a dar algo..."*, me dijo Emel.

En ese momento, con lo que me dijo, entendí que definitivamente querían salir de mí, que probablemente no finiquitar ese negocio se convertía en un obstáculo para ellos que debían movilizarse a otra región... pero sin tener que cargar conmigo.

-*"Pues me va a dar es un infarto Emel le dije, no sean absurdos, ese pedido deja sin piso cualquier oferta... pónganse en un valor asequible y avancemos... no gasten más recursos y tiempo en mí, yo puedo ayudar, pero ayúdenme ustedes a avanzar..."*, dije.

Tenía la convicción de que iba en el camino correcto.

Seguimos largo tiempo en base a que las cuentas estaban congeladas y que, por esa razón, la venta del ganado era una de las actividades a desarrollar para reunir el dinero.

Igualmente, la venta de las acciones de Celcaribe salió a la luz.

-*"Es imposible para mí, reunir la cantidad que piden Milton, tú lo sabes, las cuentas están congeladas por el gobierno mientras esté retenido, y pasarán meses antes de poder disponer de sumas que podrían ser sospechosas para el gobierno con el riesgo de que me las congelen otra vez"*, le dije.

Yo estaba en ese momento más empoderado, en el terreno que yo prefería, teniendo el control de la situación para mí mismo, liderando el proceso.

-*"Milton, ya es tarde y me siento muy débil; veámonos mañana, piense bien y hágame un pedido justo para llegar a un acuerdo, pero si ese es el precio que le pusieron a mi cabeza, seguro no saldré vivo de aquí"*, me paré y los dejé alrededor de la fogata sin despedirme, tratando de mostrarme seguro y seguir con una posición dominante.

Durante la noche me sentí tranquilo porque el control lo había tomado yo; ya no dependía de mi familia; ahora mi habilidad podría sacarme de esa situación de la mejor manera posible.

Mi pensamiento mientras estaba acostado navegaba en maneras de disponer de los recursos y cuánto podría realísticamente comprometer, las acciones de Celcaribe eran de las pocas cosas que no estaban congeladas, igualmente la posibilidad de vender algún ganado, hice algunas cuentas mentales y me tracé una meta...

-*"Ellos están pidiendo mil millones de pesos, pero yo no debo pasar de doscientos millones... debo bajar a una quinta parte de lo que piden..."*, pensé.

Me dormí relativamente fácil y me desperté a las cinco y media de la mañana. Ese día se sentía un ambiente diferente en el grupo; una radio en alto volumen dejaba sonar una música vallenata de Diomedes Díaz, anunciando su último trabajo discográfico que era primicia en todas las emisoras locales.

Nidia y Sonia, que estaban de rancho, me ofrecieron un café caliente.

Asomándose aún el sol, sirvieron el desayuno en una mesa especial con hojas de plátano como mantel; pensaría que fue por homenajear a Milton y sus acompañantes. Sobre la mesa había arepas con queso horneadas a la brasa sobre un rústico anafe, huevos revueltos con tomate y cebolla, queso costeño y café con leche.

No faltó la rutina de charlas de adoctrinamiento, esta vez un poco más larga porque fue liderada por Milton.

Mientras eso sucedía, yo tomé ese tiempo para darme un baño en una quebrada con agua cristalina, aunque muy fría, que bajaba de lo alto de la sierra… mientras lo hacía, pensaba en la forma en que iba a plantear el negocio, cómo llegar a un acuerdo para terminar esa pesadilla.

Me sumergí varias veces aguantando la respiración y me relajé. Al salir, me cambié de ropa y me dispuse a esperar el momento de retomar las conversaciones que habíamos iniciado el día anterior.

Cerca de las once de la mañana nos sentamos, esta vez debajo de un árbol, donde yo me sentaba frecuentemente a meditar y a admirar la belleza de esa sierra que se había convertido en mi cárcel… Yo tomé la palabra con firmeza…

-"Milton, ¿qué han considerado sobre sus pretensiones?", pregunté.

-"Más bien ofrezca cuanto puede pagar, y nosotros revisamos la cifra con el comando central", dijo Milton.

Era tal vez uno de los momentos centrales de la discusión; debía bajar sus pretensiones antes de dar una cifra.

-*"Mientras ustedes se mantengan en esa cifra, yo no puedo ofrecer nada; esa es la verdad. Ojalá pudiera mentir acerca de algo tan delicado para ustedes y para mí"*, les dije.

Supe que el comentario produjo algo que los obligó a cruzar miradas y pidieron un espacio para hablar solos, sin mi presencia por unos segundos.

Me retiré hacia lo que pretendía ser una cocina, me acerqué al improvisado fogón donde estaba el café y me serví una taza caliente, esperé sin mostrar afán… paciente.

Después de unos minutos, me hicieron señas para volver y así lo hice, sin prisa.

-*"Hombre Fidel ofrezca algo sensato, esta situación está muy desgastante, los muchachos que lo cuidan están agotados y usted también"*, dijo Milton.

-*"Claro… eso es… ellos están tan secuestrados, o aún más que yo, quieren ver a sus familias, novias, debo aprovechar este momento"*, pensé sin siquiera modificar mi expresión.

-*"Mire Milton, yo podría pagarles cien millones de pesos en efectivo antes de salir, para ello tendría que coordinar con mi hermano Henry para que consiga una parte y mientras, salgo y retomo mis actividades y así logro liberar nuestras cuentas, entonces entregaría cincuenta millones de saldo"*, propuse sin siquiera bajar la vista.

-*"¡Imposible!!!"*,   dijo Milton con algo de molestia, *"nosotros no fiamos ni damos plazos, lo que se acuerde se paga de una vez… plata en mano culo en tierra"*, continuaba hablando.

-*"Creo que sería justo y razonable Milton"*, le dije mientras lo miraba.

-*"Pero ese monto está muy bajo; eso no lo van a aceptar los de arriba"*, me respondió apresurado.

-"Le doy mi última cifra y de ahí no me muevo" dijo Milton, *"cuatrocientos millones y si no lo acepta nos vamos mañana mismo con usted para Arauca y allá la cosa se pone mucho más peluda, los de allá no comen cuento de nada y si tiene que estar tres o cinco años, pues se queda ese tiempo... tómelo o déjelo..."*, seguía diciendo y dejó una pausa con sabor amargo...

-"¡Alisten las mulas muchachos...!!!!", gritó.

Yo sabía lo del movimiento a Arauca y apostaba en ese momento que me trataba de asustar... de presionarme.

-"¡Pues nos vamos Milton!", le dije, dejando una pausa más fría que la de Milton, *"porque ni hoy ni en cinco años les podré pagar esa cifra"*, terminé diciendo.

Uno de los acompañantes de Milton, desconocido para mí, se levantó de la piedra donde se sentaba como para ser oído.

-"Bueno, pero ya hemos bajado mucho y usted no ofrece nada diferente...", dijo.

Esta vez, como estrategia, me quedé callado unos segundos; entendía que ese personaje probablemente estaba supervisando la negociación y probablemente sería una especie de *"enviado por los de arriba"*, ya sea por desconfianza o por apoyo para finiquitar el negocio antes de movilizar el grupo a un área diferente.

Debo confesar en este momento del relato que sentí una inspiración que inundaba mi espíritu, que me impulsaba a decir algo inteligente y que, aunque se alejara de lo que realmente quería decir, sirviera para conducir en el sentido propio a aquellos presentes que no me conocían aún, y por lo tanto se alejaban de los sentimientos de afecto que si había logrado durante el secuestro con los otros... hoy, después de tanto tiempo agradezco que pusiera en mi voz esas palabras a ese ángel... *mi padre.*

-*"Debo pensar un poco cómo lograría conseguir el dinero, porque entiendo que se necesita financiamiento para la causa, que es importante para el país"*, dije mientras analizaba la reacción.

Sus miradas me decían lo que ese comentario causó. Supe que esas palabras que salieron de mis labios, a pesar de no estar en mi corazón, cumplieron una misión importante… abrieron puertas.

-*"No se demore Fidel; la paciencia tiene un límite"*, me dijo Milton.

Ese comentario se sintió en mis oídos como un intento de mostrarse fuerte con su visitante. Cada palabra, cada gesto me confirmaba que estaba en el camino correcto.

Caminé lentamente alejándome del grupo con facies pensativa, me acercaba a un sembrío de árboles gigantes de aguacate, en mi camino tomé una especie de vara con una pequeña bolsa de plástico en el extremo que servía para que no cayera el aguacate al suelo.

Uno tras otro, yo recogía aguacates… me servía como catarsis en ese momento. El grupo me observaba desde lejos.

Yo estaba tratando de no mostrar premura, evitar el afán… sentía que estaba logrando un buen trato para salir.

Mientras amontonaba los aguacates en el suelo, tomándome mi tiempo para aparentar poco interés en culminar el proceso, mi mente sentía que no sería tan difícil en este punto llegar a una cifra de pago… sería más difícil que aceptaran un pago parcial para liberarme y el pago en libertad de la cantidad restante…

-*"Eso es lo que tengo que lograr… lo voy a hacer"*, pensé.

Esa se convirtió en mi estrategia…

Caminando de vuelta al sitio de la reunión, me detuve otra vez en la cocina y me serví un café; ahí estaba Ardila con Emel, que se acercó a mí lentamente.

-*"Ofrezca trescientos y verá que se lo aceptan... yo veré Fidel"*, me dijo en voz baja.

Después de varias discusiones les hice una oferta final ...

-*"Ya no voy a regatear más, será mi última cifra y te explico por qué Milton, primero tengo todas las cuentas bloqueadas, segundo, si no lo estuvieran, esos montos no estarían disponibles, tercero, para completar al menos una parte, que es a la que me podría comprometer, debo salir a vender ganado, y por último el único que podría hacer esos movimientos sería yo, y para eso debo estar libre..."*, hice una pequeña pausa, *"Ciento cincuenta millones para salir libre ahora, ciento cincuenta millones para terminar de pagar en tres meses, es decir cincuenta millones mensuales"*... hice una nueva pausa, *"si no lo aceptas así.. yo mismo ayudo a ensillar las mulas y salimos esta misma noche hacia Arauca"*, terminé diciendo.

Me acerqué y puse mi mano en el hombro de Milton; le pasé el abrazo por detrás de su cuello hasta el otro hombro, imitando un abrazo amistoso.

-*"Mejor imposible Milton"*, terminé diciendo mientras le sonreía mirándolo a los ojos y extendiéndole mi mano amablemente.

Milton me miraba como pensando qué hacer. Transcurrieron varios segundos y miradas entre ellos... Justo ahí, supe que debía rápidamente apuntalar mi discurso para sellarlo, para no dejarle margen de movimiento mental.

-*"Dígame usted Milton, ¿cómo concertamos la entrega y los sitios donde le pagaré los cincuenta mensuales"*, me apresuré a decirle.

Mi actitud daba por hecho que iba a aceptar mi oferta, sin titubear, sin mostrarme alegre; no quería dar ninguna señal que indicara que estaba logrando un buen acuerdo, lejos de su pretensión inicial.

Milton se alejó unos cien metros con sus dos acompañantes y hablaron por radio. No podía identificar el interlocutor por la distancia. Mi corazón latía rápido y mi piel se tornaba sudorosa. Los miraba de reojo como sin interés. Así pasaron varios minutos…

-*"Listo Fidel… aceptado"*, me dijo mientras me extendía su mano.

Detrás de él, Emel y Ardilla se acercaron a mí, y como si hubiera marcado el gol de la victoria del equipo infantil de la cuadra, me abrazaron…

-*"Ya verá que usted vale más libre que en esta sierra; esa platica la recupera pronto, ya verá"*…. me dijo Emel con cierta emoción que me extrañó un poco.

Milton me miró en cierto momento como para hablarme nuevamente, como si hubiera olvidado decirme algo…

-Algo más Fidel… podría rebajarle el pago final en 10 millones por cada nombre y datos que nos diga de personas que podrían ser retenidas por motivos económicos", me dijo.

-*"Prefiero pagar Milton; no les haría eso ni a mis enemigos, que no los tengo; ya usted me conoce… prefiero pagar que hacer eso"*, le respondí con contundencia.

-*"Es un trato Fidel"*, respondió mientras apretaba mi mano.

Yo sostuve su mano acercándolo a mí y mirándolo fijamente.

-*"¿Quién me vendió Milton?… dime el nombre"*, le pedí.

Él guardó silencio con un gesto que me dejaba saber que no me lo diría.

-*"¿Quién... me... vendió Milton?"*, volví a insistir en la pregunta.

Milton se mantuvo en silencio y me miró con una sonrisa; él y su gente se levantaron de la mesa lentamente; creo que sentían que era justo aquello que habíamos negociado.

| 16 |

Entrega del Dinero, Se Acerca La Liberacion

Después de lograr un acuerdo, ya demasiado exhausto por la tensión que me produjo la discusión de los montos, debía avanzar en concretar el procedimiento.

-"Llámeme al radista, concréteme la comunicación de Fidel con su hermano para los arreglos de la entrega del dinero... ¡pero rápido!', gritó Milton con voz autoritaria, sin titubeos.

Rápidamente se comunicaron con la radio base de la oficina de Secolda.

Tulio, el vigilante que respondió, recibió instrucciones de comunicación esa misma noche a las 20:00 horas (ocho de la noche), específicamente con Henry. Exactamente a las 8:00 p.m. estábamos reunidos alrededor del radio portátil escuchando al radista.

-"Atento cero-cero...atento cero-cero.... siga...."

-"Siga.... acá cero", respondió Rafael, el vigilante en el turno nocturno en la oficina.

-"Cero-cero, solicitamos comunicación con el señor Henry Echeverry", decía el radista.

Después de pocos segundos, escuché la voz que me sonó a gloria; era mi hermano Henry.

-"Siga, siga, habla Henry..."

Una emoción intensa recorrió mis venas, nunca pensé que algún día sintiera tanta alegría de escuchar la voz de mi hermano, a pesar del cariño que siempre sentí por él, pero ese día fue especial.

Después de un saludo corto, pero lleno de emociones adornadas por una lágrima que no pude evitar en mis ojos, debí apresurarme al tema de la llamada, en parte porque no quería demostrar emociones en ese momento, pero además por la presión del radista de no extenderme para no ser escuchado por el ejército o la policía.

Le expliqué, sin detalles, que por cuestiones de salud habíamos llegado a un acuerdo con la guerrilla.

-"Necesito que salgas a prestar dinero de donde sea; debemos entregar en los próximos días ciento cincuenta millones de pesos...", le dije.

-"¿Eso sería todo?", preguntó Henry.

Realmente no quería explicar por esa vía la segunda parte del negocio, por no ser imprudente y por evitar que quienes me vigilaban se hicieran ideas de que sería fácil para nosotros conseguirlos... entre menos detalles hablara con Henry... mejor.

-"Eso es todo Henry, más adelante nos comunicamos para más detalles... cambio y fuera", dije.

Milton me miró con algo de extrañeza; él probablemente sintió que decir eso significaría de alguna forma que pagaría la primera parte del trato, pero una vez libre no pagaría el resto del saldo...

Casi que podía leer su mente...

-"No puedo revelar por esta vía mis planes para los pagos siguientes, entre menos sepa Henry o cualquiera que pueda escuchar estas conversaciones, mejor Milton", le dije.

Esa noche dormí intermitentemente, con preocupación… tal vez el día anterior había gastado todas mis fuerzas en la negociación.

Me sentía drenado, agotado; había perdido tanto peso que no me reconocía a mí mismo. Había olvidado lo que era un baño con agua caliente, la sensación del jabón y el champú, los abrazos con mis amigos cada fin de semana.

Extrañaba todo lo que amaba, Sixta, Cristy, mi madre, mis hermanos… mi vida.

Los días siguientes a esa negociación los dediqué a coordinar, por intermedio de la radio de onda corta de la misma guerrilla, la venta de algunas cabezas de ganado y la venta de las acciones de Celcaribe.

Poco a poco logré concretar, con el apoyo de Henry, lo acordado para lograr ser liberado, aunque no dejaba de preocuparme la necesidad de completar el pago total después de que eso pasara.

Se acercaba el plazo en que mi hermano, debía hacer llegar ese dinero el día, hora y lugar acordados.

Teníamos solo tres días para hacer que eso pasara.

Recuerdo que en ese momento cerré mis ojos pensando…

-"Dios, dale la sabiduría a mi hermano para hacer lo correcto, elimina los contratiempos y obstáculos", pedí con una fe infinita.

La madrugada del 20 de septiembre se acercaba; era el día pactado para la liberación; habían transcurrido más de 130 días en cautiverio.

Un par de días antes había sacado la camiseta y el blue jean que llevaba puestos el día de mi secuestro.

Era demasiado evidente mi pérdida de peso; los pantalones se me deslizaban sin esfuerzo hacia abajo. Por curiosidad, me miré en un trozo de espejo que colgaba en la hamaca de uno de los guerrilleros.

Una barba espesa y rojiza se dejaba notar.

-*"Cristy se va a asustar cuando me vea, no puedo llegar así"*, pensé.

Siempre me llamó la atención que los secuestrados, al ser liberados, aparecían en las noticias con barbas desordenadas, pelos sucios, malnutridos y tristes.

Yo no quería que eso sucediera conmigo… quería que fuera diferente.

Sonia me facilitó unas tijeras que no eran propiamente para cortar el pelo, pero lo suficiente para cortar por retazos la horrible barba que creció en mí durante el secuestro.

Cada retazo de pelos que caía al suelo lo sentía como un paso más para encontrar a Luis Fernando y dejar atrás a Fidel

-*"Tengo una cuchilla de afeitar presto-barba casi nueva... de un solo uso"*, me dijo Fabián.

Él era uno de los carceleros que en ese mometo me seguía con atención en el proceso de cambio.

Como médico, sentía que usar una cuchilla ya usada antes por alguien no era correcto, pero creo que me ganó la necesidad de dejar en ese lugar los rastros tristes y oscuros de Fidel.

Me ocasioné varias pequeñas cortadas de la piel… hacía mucho tiempo que no tenía esa sensación, y lejos de doler, me hizo volver por segundos a mí mismo.

Me bañé con agua fría de una pequeña quebrada cerca del rancho, aunque tuve que usar las mismas botas, que ya para ese momento tal vez estaban pidiendo sepultura.

Durante todo el trayecto de mi secuestro abrí unos siete agujeros adicionales a mi cinturón.

Mis propiedades estaban vigiladas, como las de todos los secuestrados, y no queríamos despertar sospechas, nada que obstruyera la operación.

De esa forma, Henry, apoyado por nuestro amigo Quique Carrascal, quien ofreció uno de sus automóviles, un Toyota Machito, para transportar ese dinero en efectivo, trabajaron sin descanso para adecuar el auto, escondiendo los fajos de dinero en efectivo en las puertas, un doble fondo en el piso y algunos en el techo. En aquel tiempo, los billetes de mayor denominación eran los de cinco mil pesos.

El auto permanecía vigilado por personas de confianza de la empresa mientras se iba llenando a medida que el dinero se iba consiguiendo; se envolvía en plástico y se camuflaba.

Henry era el encargado de conducirlo; llevaba los documentos legales con él, previendo que podría ser revisado en algún punto de control del ejército, la policía o…. la misma guerrilla.

El día acordado, Henry subió al auto, acomodó el asiento para su altura, se sentía sudoroso, pero estaba determinado a hacerlo todo bien; se había estudiado bien las instrucciones.

-*"Click… click.. click"*, el sonido del arranque… el motor en silencio…
no encendía.

Henry se llenó de pánico, no sabía que hacer, no había un plan "*B*" para esa situación, el dinero estaba escondido en ese auto.

-"Cálmate Henry", se dijo a sí mismo mientras tomaba la llave con su mano para darle vuelta nuevamente.

-"Click...rrrrrrrrr", se sintió el sonido del motor encendiendo.

Henry respiró profundo con alivio, pero ya había sudado suficiente como para todo el día. Durante el trayecto, todo iba transcurriendo con tranquilidad.

-*"Parqueo de la estación rural de carros de Urumita en la sierra... parqueo de carros Urumita... parqueo de carros Urumita"*, repetía una y otra vez las instrucciones que había recibido.

En la carretera que conduce a Urumita se encontró con un retén policial.

-*"Buenas tardes, señor, somos la Policía Nacional, ¿podría mostrarme los documentos suyos y los del auto?"*, le dijo asomándose en la ventana.

No era extraño que eso pasara, pero Henry se sentía incómodo porque sabía que si por alguna razón descubrían que transportaba tanto dinero, las preguntas surgirían.

Aunque mi hermano nunca lo aceptó, creo que su actitud nerviosa hizo que los policías quisieran revisar el auto un poco más...

-*"¿Lleva armas?"*, preguntó.

-*"Nunca llevo armas señor oficial"*, respondió Henry, lo que era cierto ese día.

- *"¿Podría abrir el baúl y bajarse para una requisa?"*, preguntó el oficial retirándose un poco de la puerta.

Henry se bajó del auto; prefirió no decir nada porque sentía que su boca seca podría delatarlo, hacerlo ver sospechoso. La revisión efectuada no fue tan extensiva, lo que tranquilizó a Henry, que volvió a entrar en el auto, con miedo de que otra vez no encendiera, pero sí, encendió correctamente.

Durante todo el camino repetía una y otra vez lo que debía hacer; no quería fallar esta vez.

Mientras tanto, yo, en la montaña, me preparaba para bajar con los hombres que me custodiaban.

En mi pequeño radio transistor, la emisora local sonaba...

-*"Esta es su emisora Radio Guatapurí, seguimos con el homenaje nada más y nada menos que a Rafael Gutiérrez Cespedes, abogado y gran compositor de música vallenata, los voy a dejar deleitar sin comerciales con varias de sus hermosas composiciones, primero van a oír Panorama vallenato, grabada por Alberto Pacheco, seguiremos con la jocosa canción la Fregona, grabada por los hermanos Zuleta, después sonará para ustedes Dime porque, grabada por Jorge Oñate, La negra del alma interpretada por los hermanos Zuleta, y terminaremos con la canción El Rey, grabada por el Binomio de Oro, pero antes una información para la comunidad, se le informa a Fulgencio que ya los documentos van en camino, las cabezas de ganado completas y el trámite se espera realizar a las 3 de la tarde donde se acordó... sigan disfrutando la música vallenata..."* seguía diciendo la radio mientras yo me arreglaba para salir de mi encierro en esa montana interminable.

-*"Voy a extrañar esa emisora"*, pensé en ese momento.

Acercándose a la hora acordada, empezamos a bajar por esa sierra, esta vez era yo quien apresuraba a mis acompañantes, por primera vez sentí cierto temor de ser liberado, ni siquiera sé porque me sucedía eso.

En algún momento me detuvieron en un lugar del camino; presumo que era porque estábamos a metros del sitio de encuentro.

Abajo, Henry permaneció en el auto al llegar al parqueo de la estación rural de Urumita, tal y como era la instrucción.

Tan pronto apagó el auto, de la montaña, entre los arbustos, salieron los guerrilleros comisionados para colectar el dinero y contarlo. Hicieron a un lado a Henry mientras sacaban de las caletas todo el dinero en bolsas de plástico. Mientras unos sacaban cada caleta, otros contaban uno a uno los billetes.

-*"Esta completo, traigan a Fidel"*, gritó el hombre al lado del dinero mirando hacia la montaña.

No puedo describir el momento en que mis carceleros me hicieron la señal para que saliera al encuentro con Henry, porque increíblemente, no sentí alegría, pero tampoco tristeza, es como si mis sentimientos se hubieran apagado, como quien apaga un bombillo.

A medida que me acercaba a ese auto que me llevaría a mi vida y a Henry, crecía mi sensación de libertad real. Miré a los ojos de Henry, mi hermano…

Su expresión era difícil de definir al verme malnutrido, con ojos profundos, la piel curtida por los días de frío y calor, por el sol y la brisa, por el sufrimiento y la impotencia.

Sin decírmelo, Henry sentía culpa, sentía que él era el llamado a cruzar ese camino endemoniado de un secuestro. Se sintió una eternidad mi caminar hacia él, entre más se acercaba, más sentía que el destino hizo lo correcto.

Me pasaban por la mente momentos del secuestro, pero con Henry tomando mi lugar, y las lágrimas salían de mis ojos sin poder contenerlas.

Finalmente logré abrazarlo con fuerza, aunque no la tenía ya; definitivamente yo no era la misma persona que entró varios meses antes a esa montaña, y así lo sintió Henry. Ese primer abrazo fue extraño para los dos.

Nada había cambiado, pero todo había cambiado...

| 17 |

Urumita

El abrazo con mi hermano fue interrumpido por los de mis carceleros, aquellos que me cuidaban de cerca, que vigilaban mis movimientos, pero que también compartieron conmigo muchos momentos que, vistos desde afuera, no tenían mayor importancia, pero que, estando en convivencia permanente, cobraban cierta relevancia.

Sentí la tristeza de varios de ellos al despedirse de mí, como si me quisieran decir que me extrañarían, que me agradecían cosas que yo también hice por ellos, aunque nunca lo hicieron; en silencio lo decía su expresión.

Pude percibir algunas lágrimas en los ojos de Sonia y Patricia. Dos de ellos no aguantaron las ganas y me abrazaron con fuerza.

-*"Gracias por enseñarme a leer"*, me dijo uno al oído mientras me abrazaba.

-*"Usted es un berraco Fidel, un caballero"*, me dijo el otro.

Les devolví el abrazo con una sonrisa que pocas veces pude dar durante el secuestro.

-*"Ustedes son los verdaderos secuestrados"*, pensé con tristeza mientras los miraba.

Pocos segundos después desaparecieron, se esfumaron de mi vida, como si nunca hubieran existido, como fantasmas de un sueño.

Me monté en ese auto, mientras Henry conducía, yo sentía como si lo que vivía no era real, podía moverme libremente, pero me asustaba.

Veía a Henry conduciendo y sentía como si yo no pudiera ser capaz de hacerlo nuevamente.

Todo era confuso en mi mente; cambiaba de cierta alegría limitada de estar libre a un temor de esa libertad que no sabía cómo manejaría.

-"Sixta y Cris están muy bien, felices de verte, saben que vine a buscarte, mi mamá no quiso salir del cuarto hoy, dijo que iba a rezar hasta que te viera en la casa, José Daniel está un poco en negación, Gloria Lucia llamaba cada minuto para saber si ya salí por ti, Elda y Sabina enloquecidas por verte, lloraron hoy de la emoción, es una locura la cantidad de gente que te quiere ver libre Luifer.... y yo también", me decía Henry mientras avanzábamos en el camino.

Yo pedí a Henry que hiciéramos una parada en Urumita para buscar la casa de Ada Luz y sus padres, los Puerta, dueños de la finca *"La Altura"*.

Urumita es cuna de artistas vallenatos de importancia como Silvestre Dangond, Fabian Corrales, "Chema" Ramos entre otros.

Preguntamos en la plaza del pueblo hasta que localizaron esa casa.

Yo tenía curiosidad por saber quiénes eran, cómo vivían, pero sobre todo, sentía que debía agradecer a Ada Luz y su familia por haber sido un ángel en medio de ese infierno, por haber arriesgado su vida para aliviar su sufrimiento sin siquiera conocerla.

En una de las esquinas del pueblo, Henry detuvo el auto justo al lado de una señora que esperaba nuestro paso para cruzar la calle.

-"*¿Conoce usted a la familia Puerta Barquero?*", pregunté a aquella señora.

Ella me miró con extrañeza, quizá porque no entendía por qué alguien tendría que entrar al pueblo exclusivamente para preguntar por ellos, que, coincidencialmente, eran familiares cercanos de ella. Sin embargo, en un gesto de confianza, señaló una casa a menos de una cuadra de aquel lugar.

Era sin duda una casa humilde, sin lujos, como yo me imaginaba. Toqué la puerta de entrada y quien abrió fue la madre de Ada Luz.

Me invitó a entrar con una alegría que me contagió; era como si sintieran la alegría de mi libertad como la sentía yo mismo. Poco a poco, Ada Luz, Blanca y otras personas en la casa salían a mi encuentro, como celebrando, ofreciendo una bebida de limonada fresca y panecillos.

Me sentí bendecido por ese cariño.

-*"No tengo como pagar lo que hicieron por mí... tendrán noticias mías familia Puerta, me voy a asegurar de apoyarlos en sus necesidades"*, les dije antes de salir rumbo a San Juan, a encontrarme con mi familia.

-*"No nos debe nada Fidel, era el momento de ayudarlo; sé que usted ayudaría a quien lo necesitara también, porque tiene un espíritu transparente y un corazón grande"*, me dijo Ada Luz.

Anoté sus nombres para enviarles más adelante regalos de agradecimiento, con la esperanza de algún día retribuir en la misma medida esa ayuda en el momento en que lo necesité.

Años después de ese día, unos dos años antes de este libro, supe por Blanca, hermana de Ada Luz, que sufrió de cáncer y probablemente murió por esa razón.

Me sentía lleno de incertidumbre, como si no quisiera enfrentar mi vida fuera de ese encierro, no me sentía preparado.

-*"Vamos a tomarnos un café en la plaza Henry"*, le dije.

-*"¿Por qué tantas vueltas en vez de ir directamente a tu casa, qué está pasando?"* preguntó Henry.

Mientras íbamos caminando por las calles de ese pequeño pueblo, apenas podía creer que podía hacer lo que se me ocurriera sin pedir autorización.

Guardé silencio sin responder la pregunta de Henry; es que no sabía la respuesta a esa pregunta, pero sin duda me hacía pensar. A medida que caminábamos, yo observaba con atención cada casa, cada lugar… nunca antes había entendido lo hermoso que era ese pueblo. Pasábamos al frente de la casa que anunciaba en letras grandes…

-*"Acá nació la gota fría"*.

Eso me mostró lo alejado que había estado de la identidad de mi región, lo especial que eran las historias de mi tierra.

La gota fría era una canción creada por el compositor y cantante vallenato Emiliano Zuleta en 1938, esa canción describe una especie de duelo musical o *"piqueria"*, para demostrar quién era el mejor intérprete vallenato entre él y el también famoso músico Lorenzo Morales, reconocido juglar, acordeonista y compositor.

Según cuenta Zuleta en su canción *"Moralito"*, como llama a Lorenzo Morales en su canción, se retiró del lugar donde se realizaba el enfrentamiento, lo que él interpretaba como una especie de rendición en el duelo.

Esa casa era una especie de museo que recordaba la historia, para que nunca se olvidara…

Pasé también enfrente de la iglesia Santa Cruz de Urumita... decidí entrar por unos segundos a ese lugar... me lo merecía... agradecer a Dios por haberme protegido.

Nos sentamos en un pequeño café del que no recuerdo el nombre, pero tenía sillas muy incómodas y duras, pedimos un café y nos quedamos en silencio.

Henry solo me observaba... me daba mi espacio.

Después de un par de minutos sentados, lo miré a los ojos...

-*"Estoy tratando de poner mis pensamientos en orden Henry"*, le dije como sin fuerzas.

El tiempo pasaba con nosotros dos sentados en ese lugar; por momentos miraba la montaña con la mente en blanco, no sé si por tristeza, por nostalgia o por alegría de no estar ahí más.

Sonará algo raro, pero por momentos pensaba que había personas ahí, tragadas por esa selva montañosa, que por elección o no, han desaparecido del mundo, de las opciones de la vida, de las oportunidades; otros literalmente fueron tragados por la montaña.

Saqué de mi bolsillo el pequeño radio transistor que me había acompañado durante todo el secuestro; no había notado que, para lograr oírlo, me debía pegar el aparato al oído y subir todo el volumen.

-*"¿Qué viene ahora?"*, pregunté a Henry.

Mi hermano no entendía la pregunta; para él era simple... ya yo estaba libre, podía ver a mi familia y a mis amigos, podía comer lo que quisiera.

-*"Tú me ves físicamente acabado, algo sucio mi vestir, pero... ¿me ves cambiado?"*, dije.

-*"Te veo bien, muy bien... algo delgado"*, me respondió Henry.

-*"Es porque no alcanzas a ver mi espíritu Henry... no soy el mismo"*, le dije.

Él puso su mano en mi hombro, se acercó a mí, probablemente entendió que el dolor del cuerpo, la pérdida de peso, la desnutrición y los cambios en la piel no tenían relevancia ahora.

Era un momento de apaciguar una mente que había sido torturada de muchas formas durante el secuestro, una mente que debió adaptarse para sobrevivir, para agradecer, llorar en silencio, conformarse con lo que recibía, a extrañar sin decirlo.

Me abrazó con fuerza y percibí los sollozos de un hermano que me quería bien, que sufrió mi ausencia, que luchó como mejor pudo para sacarme de esa montaña.

Sentí que su lamento silencioso era una mezcla de alegría con algo de impotencia de no haberme podido evitar el sufrimiento, lo sé porque yo hubiera sentido lo mismo por él.

Fue un momento de los dos.

Caminamos hacia el auto para volver a San Juan, donde, según Henry, muchas personas me esperarían con alegría, mucha alegría.

Yo solo me dejaba llevar...

| 18 |

Camino a Casa, Volver a San Juan

El auto tenía completamente desarmados los interiores de las puertas, que quedaron así después de sacar el dinero escondido para mi liberación, aunque funcionaba bien.

Durante el camino a San Juan, podía percibir el verdor refrescante del paisaje; la montaña se alejaba de mí, o mejor, yo de ella.

Recordaba el día en que todo empezó; me acercaba también a mi pueblo con alegría, con optimismo, con la misión de construir sistemas de riego en mi finca, que hicieran crecer más los sembríos, de pagar a los empleados por su trabajo, de hacer… hacer… hacer.

En ocasiones veía motos o autos que se acercaban y sentía como si fueran guerrilleros que venían a recapturarme, aunque sabía que eso no era el caso… solo lo sentía.

-*"¿Valdrá la pena todo esto?"*, me pregunté a mí mismo mientras avanzábamos en el camino.

-*"¿Por qué yo debería sentirme mal de ser empresario, tener ideas para mejorar, emplear más gente que pueda llevar pan a la mesa?"*, seguía pensando con el paisaje del cerro Pintao al fondo, como recordándome lo vivido.

-"Yo he sido un buen ciudadano, buen esposo, buen padre... la vida me puso en un lugar privilegiado, en el seno de una familia buena que me permitió hacer crecer una empresa, pago mis impuestos sin excusa... ¿por qué alguien debía vivir ese infierno?".

En el trayecto del viaje, pasando por Villanueva, cuna del Festival de Acordeones, del que recuerdo desde niño la hermosa Cascada La Hondura, y también por El Molino, donde está la famosa Piedra del Fogón.

Henry me hablaba acerca de asuntos de la finca, del éxito del sistema de irrigación que dejé antes de mi secuestro, del crecimiento y verdor de los pastizales por el agua. Me contó sobre mi mamá, que había dejado a un lado la idea de salir con su pretendiente.

Habló de lo mucho que se habían unido mi esposa e hija con él, su esposa y sus hijos a partir del secuestro.

Sin duda, me sorprendió su historia acerca de las peripecias para conseguir el dinero del rescate y llevarlo a la sierra.

Henry saltaba de un tema a otro; quería informarme hasta de lo más mínimo, y yo lo entendía.

-"Por ahora disfrutemos este momento de libertad", dije.

Encendió el equipo de sonido con la canción que pedí y seguimos en silencio casi hasta la entrada de San Juan, donde encontramos un retén del ejército. Pasamos frente a ellos sin que nos detuvieran, solo hicieron señas levantando el brazo.

-"Si hubiesen estado el día que me secuestraron", pensé.

No podía evitar sentir cierta sensación de rebeldía por cualquier detalle que hubiera podido evitarme esa travesía.

-"No es su culpa", pensaba mientras los miraba hacer su trabajo.

Cuando pasamos nuevamente frente a la entrada del batallón Rondón, sentía cierta repulsión por cualquier detalle que hubiera podido evitarme esa travesía, aunque sabía que no había culpa en esos pobres soldados, que ya tienen suficiente con protegerse a sí mismos en un país que en ese momento era uno de los más violentos en el mundo.

Al entrar al pueblo, las calles me evocaban una extraña sensación; era como si tuviera la obligación de estar feliz, pero no lo estaba, por lo menos no del todo.

Por lo que sentí en ese momento, entrando a mi pueblo, donde mi gente me esperaba, creo ahora, muchos años después, que la atrocidad del secuestro no es el daño físico, las cicatrices, el dolor de tus articulaciones y músculos, la piel marchita… es el daño psicológico… eso me estaba pasando en ese momento sin entenderlo.

Creo que el hecho de tener entrenamiento médico, además de ser ahora un ejecutivo de mi propia compañía, me quitaba en ese momento el derecho a recuperarme psicológicamente de lo que sucedió.

Di vuelta a mi cabeza para mirar una vez más, a lo lejos, la hermosa Sierra Nevada de Santa Marta, vecina a la Serranía del Perijá.

-*"No eres culpable de esconderme en tu selva, tal vez eres una víctima más del actuar del ser humano, pero no quiero volver a ti, porque escondes lo peor dentro de lo mejor"*, pensé en ese momento.

A medida que avanzábamos, yo disfrutaba del verdor inigualable de esas montañas que rodean a San Juan.

Nos acercábamos ya a la plaza principal de San Juan; Henry conducía sin prisa, como entendiendo que yo necesitaba tiempo.

Ya desde antes de entrar a la plaza, muchas personas se encontraban en la vía que lleva a la iglesia; sentía el espíritu alegre de esa gente, pero no lograba contagiarme a mí. Muchas de esas personas se dirigían a la plaza caminando como cuando van a la misa de San Juan Bautista, el patrono del pueblo.

-*"¿Qué habrá en la plaza, que va tanta gente?*, le pregunté a Henry.

-*"Celebran que hoy se hizo un milagro..."*, respondió Henry con una sonrisa.

A pesar de que se sentía el entusiasmo de la gente, esa felicidad no llegaba a invadirme a mí.

A Henry sí... vi cómo su cara cambiaba de tono gris a uno de felicidad, creo que hasta ese momento se sintió seguro, sintió que había completado la misión, que había traído a su hermano, uno de los seres que más amaba, a salvo. Eso creo que sentía.

Me gustó verlo así. Henry es un ser feliz por naturaleza, sencillo y abierto.

Muy cerca de la plaza, la cantidad de gente que se había aglomerado para ver mi llegada no dejaba avanzar el carro, y debimos parar a tres o cuatro casas de la de mi abuelo, donde nos esperaban todos en mi familia y por supuesto…

-*"Sixta y Cris".*

Ya fuera del carro, la gente me abrazaba y me saludaba como si fuera un hijo pródigo que vuelve a casa, como un héroe que vuelve después de la guerra; no había espacio; yo sentía que necesitaba respirar.

Pronto aparecieron copas de whisky servidas para mí por muchos, casi que cada persona me ofrecía una con su mano extendida.

-*"Doctor, qué alegría verlo, tómese una, que la abrimos para usted"*, me decían algunos.

-*"Mis ruegos a Dios para que lo liberaran me lo trajeron de vuelta Doctor"*, decían otros.

-*La Virgen de la Milagrosa lo protegió doctor; tómese uno por la Virgen"*, otros.

Parecía que todos tenían una razón que hizo que me liberaran.

-*"La razón es que pagamos..."*, pensaba yo sin decirlo.

Yo trataba de enfocarme en el detalle de la gente, pero no lo lograba. Percibía una multitud amorfa de personas que me querían demostrar su cariño, pero yo no sentía ganas; por alguna razón en mi mente quería desaparecer, aunque hoy día lo entiendo.

Finalmente me encontraba al frente de la casa de mi abuelo, majestuosa, de estilo republicano, sencilla pero elegante, imponente.

Miré por un segundo hacia atrás… mucha gente festejando, alegres, inspirados en el hecho de la liberación de un secuestrado.

-*"Esta gente es especial"*, pensé al mirarlos tomando pequeños vasos de whisky.

Yo los entendía; la música y la alegría corren por su sangre vallenata.

No en vano, San Juan del Cesar ha sido cuna de varios artistas de la música vallenata, como Diomedes Díaz, nacido en la finca Carrizal del corregimiento La Junta. También nacieron en el municipio los acordeoneros Juancho Rois, Nicolás Elías Mendoza, Franco Argüelles, Emerson Plata, Ronald Urbina, Alfredo Gámez, Álex Duarte, Nelson Velásquez y Ana del Castillo; y los compositores Hernando Marín Lacouture, los hermanos Roberto, Efrén y Amilkar Calderón Cujia, Hernán Urbina Joiro, Curry Carrascal, Marciano Martínez, Luis Egurrola Hinojosa y Máximo Movil, entre otros.

Mucho talento para ser un pueblo tan pequeño no es casualidad.

Ya en la puerta de la casa, me esperaba mi familia, primero mis tíos, que junto con varios primos me abrazaron fuerte, como para no dejarme ir.

Unos pasos más adentro, mi madre me abría los brazos...

-*"Para tu tranquilidad, ya no hablo con ese señor"*, me dijo mientras me abrazaba llorando sin consuelo.

Creo que se refería a Felipe, su pretendiente, al que le advertí un día que no viera, más por celos de hijo que por las condiciones de su amigo.

Hoy, después de tantos años, todavía me pregunto por qué sería lo único que se le ocurrió decirme ese día... nunca se lo pregunté estando en vida, imagino que los nervios le ganaron.

También me esperaba mi abuela *"mamá nena"*, la matrona de la familia, ahí parada, firme, me abrazó, me besó y me dio su bendición tal y como lo hacía en cada encuentro.

Rafael y Elsy, mis suegros, lloraron de alegría al verme entrar.

Empezaba a entrar cada vez más gente a la casa queriendo saludarme; sentía que me empujaban hacia el ala este de la casa mientras yo miraba a Sixta, parada en la entrada del ala derecha de la casa, que sostenía a Cristy con su mano, esperándome con ansia.

Creo que nunca me perdonará que me haya dejado llevar lejos de ella en ese preciso momento, cuando había esperado tanto tiempo, después de haber sufrido tanto mi ausencia... es algo que tendré que hacerme perdonar, pero puedo decir que en ese momento no era completamente yo...

Lo vivido cambió mi percepción.

Minutos después de varios abrazos y *"shots"* de whisky, rompí la inercia que me imponía la cantidad de gente que me esperaba dentro de la casa y me enfoqué en Sixta y Cris, que era en verdad lo más importante. Llegué a su lado; ella misma no sabía cómo actuar, si llorar, si reír… o las dos.

Entendí por qué me enamoró desde la primera vez que la vi… hermosa, sin par, brillaba con luz propia.

Nos dimos un abrazo largo y fuerte, un beso que me supo a gloria. Debo decir que ese beso de Sixta fue, tal vez, lo único que me ayudó a entender el contexto de lo que vivía, lo que despertó en mí la relevancia de lo que ahora estaba ocurriendo, de lo importante de vivir, y volvió a darle sentido a lo que me repetía una y otra vez durante el secuestro…

-*"Morir no era una opción".*

Sixta entendió, en mi mirada, que yo estaba sobresaturado, que mi mente estaba tratando de despertar de una pesadilla de 24 horas diarias por muchos meses; tal vez ella fue la única que pudo ver eso en mí. Yo no lo entendí entonces, pero lo entiendo ahora.

Con el amor que la caracteriza, Sixta cargó a Cristy y me la puso en mis brazos. Entonces sentí que estaba frente al milagro de la vida, la razón que me hacía sobrevivir en medio de la tristeza y hacerlo con el convencimiento de eso que movía toda mi vida desde que nació.

Al abrazar a mi princesa, sentí que mis dolores desaparecieron, que ya no importaba nada, que el mundo para mí estaba ahí, justo al lado…

-*"Justo en mis brazos"*, pensé.

En ese momento Cristy, ya en mis brazos, hizo un gesto de temor, como si sintiera que esa persona que la abrazaba, que había estado ausente de su vida durante los últimos meses, no fuera real; se veía asustada. Súbitamente sintió cierto rechazo, como queriendo buscar los brazos en los que sentía más seguridad, su madre.

Yo lo entendí, al fin y al cabo, yo no estuve con ella por mucho tiempo...

-*"Me volví un extraño"*, pensé.

Cris volvió a los brazos de su madre, desde donde me miraba como tratando de ubicarme en su vida. Me pareció injusto porque yo no la abandoné... fui forzado a desaparecer de mi propia vida.

Dediqué un tiempo a compartir con los amigos que me recibían por montones, aunque debo confesar que medía mucho mis palabras por temor a que alguno de ellos fuera la persona que me vendió a la guerrilla, o quizá alguno estuviera infiltrando nuestro entorno.

Creo que también fui injusto con ellos.

También compartí un tiempo con mis hermanos, suegros y mi madre, con Elda, Sabina y otros empleados a los que extrañé tanto durante mi encierro.

Después de varias horas, entré en mi cuarto, donde ya Sixta tenía todo listo para un baño con agua tibia y esencias, espuma de baño, champú y colonia. Aunque suena extraño, el encender la luz me hizo pensar lo que antes era obvio... la electricidad. Algo que nunca tuve durante el secuestro.

Cristy me miraba con atención y, por momentos, como si volviera a reconectar conmigo, me abrazaba la pierna.

-*"Necesito descansar mi mente"*, le dije a Sixta.

Al lado de la regadera encontré mi pesa. Me paré encima de ella casi desnudo.

-*"Sesenta y cinco kilos... pesaba cien kilos cuando me llevaron"*, dije.

Sixta solo callaba, pero sentía su compañía, su amor.

-*"Todo cambió en mi Sixta...eso siento"*, le dije en tono triste y con voz cansada.

Aunque rápidamente caí dormido a pesar del ruido de la música y la gente celebrando afuera, esa noche desperté varias veces soñando que venían a buscarme, que querían secuestrarme otra vez.

No fue una buena noche.

Los siguientes dos o tres días fueron extraños para mí, como si realmente no perteneciera a ese mundo; amanecía con todos los cuidados que pudiera tener, desayunos frondosos, jugos de todo tipo, todos alrededor tratando de hacerme sentir bien, pero yo había perdido en algo el rumbo de mi vida.

No lograba ver lo hermoso que era esa vida o, de pronto, ese secuestro hizo que pensara que no lo merecía.

Sé lo mucho que Sixta y Cris me extrañaron varios días después de ser liberado; no era yo...

"Esa montaña succionó mucho del Luis Fernando que había entrado en ella, no solo el peso".

Largas horas de relatos seguirían día tras día, explicando a mi familia los pormenores del secuestro, lo que sucedía desde que abría mis ojos en esa montaña; frecuentemente me interrumpían para que aclarara detalles o para que respondiera preguntas.

Todos en la casa escuchaban mis relatos con atención.

Aunque por momentos yo mismo debía detenerme en medio de un sollozo o un llanto corto mientras recordaba algunos sucesos, el relatar lo vivido me sirvió como una especie de catarsis que aliviaba mi carga.

"La carga psicológica de un secuestro".

| 19 |

Saldo Por Pagar

Cada noche soñaba y, en ocasiones, despertaba pensando que volverían por mí.

Y es que el secuestro, por mucho que podía caminar por las calles…

-*"No había terminado"*.

Varias noches despertaba de madrugada y despertaba también a Sixta y Cris para que se vistieran y se alistaran para salir por la sospecha de que llegarían a capturarme nuevamente.

En verdad tenía pensamientos intrusivos que me llenaban de terror.

-*"Tranquilízate mi vida, es un sueño, nadie va a venir por ti, descansa ahora y mañana discutimos planes para evitar que eso pase"* , me decía Sixta.

Me hablaba con un amor que lograba convencerme de volver a la cama.

Sin embargo, ante la recurrencia de esos sueños y temores, decidimos mudarnos temporalmente a Barranquilla, desde donde empecé a dirigir los negocios, pero también la consecución del dinero.

Para ese momento, todavía mis cuentas personales estaban bloqueadas por el gobierno, por lo que debí asistir con un abogado ante un juez para denunciar mi secuestro y anunciar que había sido liberado, aunque no podía aceptar que pagué por mi liberación, porque en ese momento, y presumo que todavía, ese hecho de dar dinero a un grupo ilegal constituye un delito.

De esa forma iniciaba el proceso para desbloquear mis cuentas, que de todas formas no podían ser usadas para el fin del pago del secuestro.

Sabía que tenía una deuda, que no era realmente una deuda, porque no debía nada, sino un compromiso de pagar el monto final del secuestro antes de los siguientes tres meses.

A pesar del trauma psicológico que me causaron, no tenía tiempo que perder; debía conseguir el dinero minimizando el posible deterioro económico de la familia, porque el único responsable de las finanzas de la familia era yo, y tenía claro que los movimientos que hiciera podrían afectar a todos en el futuro.

Las cuentas por pagar de servicios públicos, empleados y sus prestaciones, alimentos, seguros de salud, medicamentos y muchas otras seguían llegando.

Rápidamente aprendí que el secuestro no me proveía de inmunidad económica; por el contrario, cada proveedor, cada acreedor, se apresuraba a cobrar sus cuentas bajo el temor de quedar fuera del plan de pago por iliquidez después de un secuestro.

No podía iniciar las acciones de la búsqueda de ese dinero faltante para pagar mi liberación, sin contarles a Henry y a mis hermanos los detalles de la negociación.

Los reuní en el apartamento de mi hermana Gloria Lucía y minuciosamente les expliqué el contexto de la negociación y los compromisos que había acordado.

No faltaron las exclamaciones de sorpresa y angustia de ellos, pero ante todo hubo comprensión y el apoyo decidido a solucionar lo que faltaba para cerrar este capítulo de nuestras vidas.

Desde Barranquilla inicié una maratón para reunir el dinero que concluyera mi pesadilla, porque, a medida que pasaban los días, sentía que ya no encontraba el apoyo que habría si estuviera físicamente secuestrado; menos personas estaban dispuestas a prestarnos dinero sin soportes legales para ese fin.

Por alguna razón, aun estando en Barranquilla, sentía que la guerrilla me respiraba en la nuca, que me vigilaban.

Me aterraba que pensaran que yo estaba tratando de esconderme de ellos. Todavía, después de estar libre, sentía que debía pedir permiso a ellos para moverme, para respirar, para vivir.

Se me hacía difícil atender una invitación con familiares a departir, porque temía que en cualquier momento llegaran por mí a ese lugar, involucrando a otras personas. Pero también sentía que aceptar la invitación de un amigo o familiar podía ser una forma de marcarlos para que fueran víctimas de ese delito.

-*"Dígame el nombre de tres personas que podamos retener y rebajamos su pago"*, recordaba las palabras de Milton durante la negociación.

Debía colectar cincuenta millones de pesos antes de un mes para empezar a cumplir con el compromiso.

-*"No voy a poder recolectar esa cantidad a tiempo"*, pensaba con pánico.

Por momentos entraba en estados de depresión profunda que me aislaban hasta de Sixta y Cris. La mente se nublaba.

Faltando diez días para terminar el plazo para la primera entrega, y sabiendo que me sería difícil cumplir, tomé una decisión que nunca comenté a Sixta…

-*"Debo acabar con este infierno; no puedo vivir así"*, pensé en ese momento, *"voy a renegociar esto, voy a dar la cara, como siempre lo he hecho".*

Con la información que tenía de la familia Puerta en Urumita, hice contacto con Emel, que acordó por ese medio que debía contactar a otro personaje hasta ese momento desconocido para mí, *"el gordo Luciano"*, quien podría, a su vez, ser el enlace con Milton, encargado de las negociaciones de ese tipo.

La conversación con Luciano tuvo lugar en Codazzi, ciudad mediana del departamento del Cesar, el día acordado, en un lugar solitario.

El *"gordo"* logró acordar una reunión mía con Milton en un lugar cercano a la frontera con Venezuela.

Tiempo después me enteré de que "el gordo" había sido asesinado por un grupo paramilitar que operaba en la región. Para el encuentro con Milton salimos, en mi camioneta, con Joaco, mi conductor, a las 2:00 a.m. de Codazzi, ese día hacía algo de frío, o quizá yo sentía mi piel erizada sabiendo que lo que hacía no era completamente lógico, pero para mí era necesario.

El inicio del ascenso hacia la serranía del Perijá por la vía de Codazzi me trajo recuerdos que se habían vuelto como fantasmas en mi vida, que volvían a revivir o que nunca murieron hasta ese momento.

A medida que subíamos por la montaña, se elevaban también mis latidos y mi respiración.

Llevaba conmigo un pequeño televisor de batería, un radio transistor de última generación en ese momento, una botella de whisky, pan, postres y varias otras cosas como "ofrendas de paz", pero también quería hacerles llegar algunas a mis carceleros.

Llegamos al lugar de encuentro muy temprano en la mañana. El caserío llamado Estados Unidos, justo vecino a la frontera con Venezuela, era un lugar bastante lúgubre; parecía no tener vida, de casas humildes. Algunos perros se veían en las vías que atravesaban el caserío; no muchas personas.

Ahí estaba Milton; se movía libremente por el lugar, como si fuera la autoridad del sitio, y probablemente lo era.

-*"Fidel"*, me gritó al verme mientras se me acercaba como si me conociera de toda la vida.

-*"Querido Milton"*, le dije con afecto mientras nos estrechábamos las manos y nos dábamos un abrazo cordial.

Pude sentir dos o tres diferentes armas en su cuerpo durante ese abrazo.

-*"Te traje este televisor, que es de batería, para que puedas ver los partidos de la selección Colombia"*, le dije mientras se lo entregaba.

Él no podía evitar que le brillaran los ojos con ese regalo; yo sabía que les gustaba el fútbol.

-*"Lo noto muy delgado Fidel, ¿no está comiendo bien?"*, me dijo mientras me daba unas palmadas en mi abdomen.

-*"Después de la retención no ha habido mucha comida, querido Milton, sobre todo por lo económico; todavía tengo mis cuentas bloqueadas"*, le dije como abrebocas del asunto de la reunión.

-*"No se queje Fidel, que lo tratamos bien; le rebajamos bastante"*, me dijo en tono amistoso.

-*"Traje esto para Enel, Ardila y los muchachos que me cuidaron; mándeles saludos y un abrazo"*, le dije mientras le entregaba todo lo que traía.

Hice que notara que traía conmigo un morral con mis cosas personales, algo de ropa, cepillo de dientes, pasta dental, y papel higiénico.

-*"¿Para qué trae eso Fidel?"*, me preguntó con curiosidad.

-*"Vengo a renegociar mi amigo Milton. No logro conseguir lo suficiente, no voy a ser capaz de juntar el dinero que negociamos, por eso traigo esto, estoy dándote la cara, renegociamos... o me quedo contigo hasta que logremos recolectar el dinero que piden"*, le dije mirándolo directo a los ojos.

Creo que él no se esperaba esa respuesta porque quedó en silencio, como pensando. Yo, por mi parte, sentía que lo estaba haciendo bien, que los regalos cumplieron su misión y me sentía confiado.

-*"Quédese esta noche acá con nosotros y hablamos con calma Fidel, déjeme pensar qué hacemos con usted"*, me dijo, pero con tono amable.

Su actitud me hacía pensar que no era fácil para él tratarme mal, que apreciaba lo que estaba haciendo.

Le di la orden a Joaco de bajar a Codazzi y volver al mediodía siguiente; sabía que corría un riesgo, pero debía correrlo.

Me acomodaron en el rancho donde él mismo estaba, esta vez en una habitación relativamente cómoda, aunque algo fría.

Esa noche acordamos no hablar de negocios, solo hablar... y así lo hicimos, abrimos la botella de whisky, hablamos de los tiempos modernos, del miedo que le producían los aviones, de los dolores de rodilla que le daban... de cualquier cosa.

Una conversación amena que me permitió ver su parte humana por encima de su labor en ese grupo criminal.

Cuando nos venció el sueño, fuimos a dormir; había un silencio que solo era roto por grillos y sapos que rondaban el lugar. Créanlo o no, por primera vez logré dormir relajado, sin miedo.

Al despertar en la mañana, ya Milton estaba en pie, dando órdenes a sus subalternos. Había un desayuno sencillo pero abundante servido en la mesa.

Después de un saludo que parecía más de amigos que de negocios, nos sentamos a desayunar, iniciando una conversación que directamente nos llevaría a la razón de mi visita.

-*"Pensé lo que me dijo ayer Fidel y le tengo una propuesta"*, me dijo mientras cortaba el queso con su cuchillo de combate.

-*"Suéltela Milton"*, le dije mientras tomaba mi café.

-*"Deme tres nombres de personas para retención económica y yo le rebajo la mitad de lo que debe, hasta le extiendo el plazo para las entregas, ¿qué le parece?"*, me preguntó.

-*"Le doy cincuenta millones más y me dice quién me vendió con ustedes..."*, dije.

Él ya me había hecho esa propuesta y yo no tenía una respuesta diferente en ese momento; debía pensar cómo darle vuelta a esa situación.

-*"Puedo vender 40 cabezas de ganado y le pago 50 millones"*, seguí hablando.

-*"Creo que no me oyó Fidel, me interesa más los nombres, le rebajo los 50 millones y me da cuatro nombres, ¿Qué le parece?"*, dijo.

-*"Hombre, así fue como supimos de su hermano, que era el objetivo inicialmente"*, me insistió.

-*"Eso no es negociable y tú lo sabes, no podría hacerle eso ni a un enemigo, más bien dame el nombre de quien me tiró al agua Milton"*, le pregunté, aunque sabía que no me respondería.

-"No venda el ganado, entrégueme las cabezas de ganado vivas y los 50 millones", me dijo, extendiéndome la mano.

-*"Es un trato"*, le dije presuroso.

Yo sabía que era lo mejor que conseguiría con él; eso lo haría sentir que había hecho un buen negocio y yo quedaría libre de ese infierno.

Me dio las instrucciones de la entrega del ganado y la entrega de los cincuenta millones en efectivo.

-*"Dame un paz y salvo Milton, porque no quiero que me vuelvan a secuestrar a mí o a mi familia"*, le pedí.

Con su puño y letra, escribió un documento que pretendía ser un paz y salvo que me eximía de ser nuevamente secuestrado de por vida y, aunque sabía que no era una garantía real, eso me permitió trazar una línea que me sacaba del radar de la guerrilla del ELN.

El paz y salvo aclaraba que yo había *"cumplido con los pagos exigidos"*. Lo guardé como tesoro.

A eso del mediodía mi conductor llegó al lugar; me despedí de cada uno de ellos de forma amable; yo me sentía satisfecho, aunque todavía, muy en el fondo, tenía la sensación de haber sido robado.

Milton, Ardila, Emel, todos aquellos personajes empezaban a sentirse parte de mi pasado; era cuestión de finiquitar los últimos puntos del acuerdo, y era importante porque todavía, aunque libre, me sentía secuestrado, o *"retenido"*, como ellos lo llamaban.

Mi mente estaba en un viaje en búsqueda de sanar las heridas profundas de un secuestro que todavía hoy me cuesta entender.

Me monté en el carro con la convicción de haber hecho lo correcto, no para la guerrilla, sino para mi familia, mi hija, mi esposa, mis hermanos… pero sobre todo… para mí mismo.

Era un paso definitivo a la libertad.

-"¿Quién habrá sido el secuestrado que vendió el nombre de Henry para rebajar su precio?", me pregunté en silencio.

Ya el carro avanzaba fuera de aquel caserío al que esperaba no volver jamás, pero además no quería que ningún familiar o amigo volviera a ese lugar.

Esa pregunta merodeó mi mente por algún tiempo, revisaba mentalmente mis amigos y familiares de amigos que habían sido secuestrados tratando de perfilar al que pudiera haber dado nuestro nombre, el que nos metió en esta lista diabólica de la que siempre sales perdiendo, perdiendo el tiempo de encierro, perdiendo dinero que te ha costado conseguir, perdiendo dignidad, perdiendo sensación de seguridad hasta en tu propio hogar, perdiendo confianza en los amigos, y hasta en los familiares.

-"Siempre sales perdiendo", pensé.

Miré a Joaco, mi conductor.

-"¿Será él quien nos vendió?", pensé al mirarlo.

Joaco era un hombre sano, cumplidor, con una familia estable, de buenas maneras y vestir siempre formal; había trabajado con mi familia desde mi infancia y propiamente conmigo por más de seis años, se le pagaba bien y se le trataba mejor…

-"¿Por qué habría de vendernos a la guerrilla?", seguía mi mente divagando.

Mientras yo lo miraba, sentía que me invadía una rabia que por alguna razón no podía contener.

-"Detén el auto Joaco", le ordené, con un tono un poco despectivo.

El carro se detuvo a la orilla de la carretera, en medio de la nada, excepto la naturaleza que nos rodeaba. Abrí la puerta sin decir nada y salí del auto; empezaba a hacer algo de calor y sentí el sol atropellar mi cara.

Saqué mis lentes oscuros, me los puse y caminé varios pasos adentrándome en el monte.

Joaco pensaría, tal vez, que quería orinar, pero creo que le pareció extraña la forma como me comportaba con él en ese momento.

Aunque no lo miraba, sabía que me observaba atentamente, como cuidándome, porque siempre me cuidó.

Mientras estaba parado en medio de ese monte espeso, mi mente retrocedía, tratando de encontrar vínculos de gente cercana que pudieran estar conectados con lo que nos pasó.

Respiré profundo; el aire fresco… me faltaba.

-"Joaco es un buen hombre; estoy siendo injusto con él; debo quitarme esas ideas de la cabeza, moverme hacia adelante, no dejarme llenar de odios o pasiones injustificadas", pensé.

Mientras tanto, hacía movimientos que le hicieran pensar a Joaco que sí estaba orinando.

-"Quien quiera que sea el que nos vendió, probablemente no vio otra salida, no tuvo muchas opciones como yo, quizá no encontró otras oportunidades

para negociar, o... no sufrió de un cálculo renal que impulsara la negociación... jeje", pensé.

Sonreí un poco mientras caminaba de vuelta al auto.

Mientras avanzábamos por la vía a San Juan, me dediqué a organizar en la mente la entrega del ganado. Por el análisis que había hecho, Milton y su gente no sabían mucho de ganado, y además, ellos no serían quienes recibirían o cuidarían ese ganado.

Tomé el radio en la mano para hablar con mi hermano.

-*"Henry, Henry, Henry, acá Luisfer, responde"*.

-*"Acá Henry, vamos al canal 29"*.

-*"Henry, hermano, ya cerramos la renegociación... logré que me dejaran pagar el saldo con cabezas de ganado, hay que ponerse en eso inmediatamente, escoge las reses que ya no produzcan leche y estén en peor estado de salud, apártenlas y alístenlas para transporte"*, le dije.

-*"Copiado Luisfer"*.

-*"Nos reunimos en la oficina en 2 horas, cambio y fuera"*, cerré.

| 20 |

Organizando El Pago

Mi madre vivía en un mundo diferente; ya para ese momento sentía que el duro golpe de la pérdida repentina de mi padre, que obviamente era el motor de su vida, el norte y el sur de su existencia, había hecho mella en su ser, en su espíritu, pero más en su memoria.

Era como si hiciera un esfuerzo por no recordar, por no sentir, como si hubiera fundado un pequeño mundo donde evitaba el dolor.

Mi secuestro fue como un detonante para su inestabilidad emocional.

Tal vez fue la marca que más dolió de esa herida en mi vida también, porque alejó a mi madre de la realidad, de la ilusión, de la felicidad.

En el camino pedí a Joaco que compráramos unos plátanos y yuca que vendían en el camino.

Por primera vez desde mi liberación sentía destellos de lo que era antes de esos días, el hombre libre de ir y venir, de hablar con los campesinos, de reírme con ellos, de negociar unos plátanos.

Me bajé del carro con cierta confianza.

-*"¿Primo, a cómo los plátanos?"*, le pregunté a ese hombre.

Él estaba sentado al lado de su muestra de muchas frutas, hortalizas y varios productos nacidos de esa tierra bendecida.

-*"Patrón, le tengo barato el gajo, a dos mil..."*, se quedó mirando como esperando aprobación, *"y le encimo una yuca"*, terminó diciendo.

Mientras hablaba, me extendía la mano con el plátano y un trozo de yuca... pero más importante... con una sonrisa que sobrepasaba su cara y dejaba ver dos espacios vacíos en su dentadura.

Miré a ese campesino y no pude evitar que mi mente volara en medio de las cavilaciones que para ese momento simplemente se abrían camino en mi pensar, sin ser llamadas.

-*"Dos mil"*, pensé.

Con todas las limitaciones del mundo, este campesino parece ser feliz, no siente en su corazón la necesidad de usar el machete que tiene para robar a alguien, para secuestrarlo, no siente que es menos o más, solo vive su vida y hace lo mejor que puede honestamente.

Si yo quisiera convencerlo de que él debería ser el dueño de esas tierras y que alguien más le ha quitado lo que le corresponde, quizá lo haría infeliz, le cambiaría la sonrisa y la felicidad de llegar en la tarde a su casa a tomarse unos *"guaros"* con sus vecinos, a besar a su mujer y sus múltiples hijos.

Con la tranquilidad de su vida cotidiana.

Sería fácil convencerlo de cambiar su rutina diaria que le da la felicidad a la que está acostumbrado por el odio hacia aquellos que, por diferentes motivos, tienen más.

-*"¿Qué es... más?"*, me pregunté en silencio observándolo complaciente.

Mientras, le extendía dos billetes de cinco mil pesos.

-*"¿Una casa más grande que su rancho?"...*

-*"¿Acaso un auto último modelo en vez de su caballo?"...*

-*"¿Una vajilla lujosa para comer en la mesa?"...*

-*"No lo sé, quizá eso sería un motivo de angustia, porque ese... más, nunca sería suficiente, siempre habrá un más que alcanzar si en tu corazón te siembran que lo que tienes no es suficiente"*, pensaba callado.

Montamos lo comprado en el carro y seguimos nuestro viaje.

La llegada a la casa de mis abuelos ese día no fue tan victoriosa como la de la liberación, pero realmente yo la sentía más victoriosa, más importante, más placentera.

Saludé a mi madre, que se encontraba en la sala, sentada en la mecedora que otrora pertenecía a mis abuelos.

A pesar del alivio de librarnos de ese secuestro, mi madre, después de ese día, no sería la misma; creo que este episodio aceleró el descenso rápido de sus habilidades, de sus ganas de vivir, de su ser interior, así lo siento hoy.

Una vez libre, logré que el gobierno me descongelara las cuentas, con lo que reuní algo de dinero, pero debíamos escoger el ganado a entregar a la guerrilla para terminar de pagar mi liberación de acuerdo a lo pactado con Milton.

Nos reunimos con Henry en La Veguita para iniciar el proceso en coordinación con nuestro capataz.

Cada cabeza de ganado que escogía e íbamos apartando para la entrega, me dolía, porque cada una de esas vacas había sido criada con esfuerzo, buena alimentación, disciplina y evitando enfermedades en conjunto con un grupo de profesionales en el área, que incluían no solo los empleados de la finca, sino también veterinarios, auxiliares y personal administrativo que, en conjunto lograban ganado de la mejor calidad posible. Era la forma como mi padre cuidaba de la finca…

"Buen corazón para tener buen ganado" .

Fue un día de sentimientos mixtos para mí. Una vez escogidas las cabezas de ganado pactadas, di las instrucciones de entrega a nuestro capataz, para que no se presentaran obstáculos en el cumplimiento de ese compromiso.

Ya en la noche, una vez de vuelta en San Juan, sentados en la mesa del comedor con Sixta y Henry, hablábamos un poco de la situación del país, de lo sucedido y de lo que venía.

Era claro que yo no me sentía todavía completamente bien en mi mente.

Por momentos sentía impulsos de *"cambiar todo el sistema"*; la lucha de clases tenía un sentido diferente desde que salí.

Sentía cierto odio por personas más afortunadas, sin razón. Después sentía odio por mí mismo de pensar en ello.

Pareciera que, aunque yo sintiera que mi inteligencia me ayudó a sobrevivir, el tiempo encerrado hacía mella en mí, sentía cierta penetración de ese adoctrinamiento que tanto critiqué.

Tal vez por eso, hasta este momento, no quise hablar abiertamente y en detalle del tema.

Creo que todavía siento el dolor del recuerdo, de la injusticia de lo inhumano que es un secuestro, sea por la razón que sea.

La diferencia es que hoy día…

-*"Sé cómo lidiar con esas emociones; la madurez me enseñó a perdonar y seguir caminando".*

-*"Sé cómo lidiar con esas emociones; la madurez me enseñó a perdonar y seguir caminando".*

| 21 |

Volver a La Vida, Volver a Confiar

Muchos años pasarían antes de lograr hacer este relato. Aunque trozos de los episodios aparecían en mi mente y hasta los usaba como motivo de comentarios graciosos en algunas reuniones con amigos, tengo que confesar que siempre en el lóbulo occipital, muy atrás en mi cerebro, tenía un interrogante…

-"¿Quién vendió mi nombre o el de mi hermano a la guerrilla?".

Era algo que me hacía ver la esencia del negocio del secuestro, que, más allá de ser originado por ideas de izquierda o derecha, cambia el alma del secuestrado, pero también la del secuestrador, muchachos jóvenes, entrenados y obligados a cometer este delito, que seguramente no conocían antes de entrar en estas organizaciones y que nunca antes odiaron a personas por tener unos pesos más o una casa mejor.

Esos muchachos, después de varios secuestros se convierten en máquinas de hacer dinero a cualquier costo para conseguir no solo su propio sueldo de soldados, sino que alcance para que sus jefes vivan cómodos, al final se convierte igual a cualquier organización de interés monetario.

Aunque el tiempo pasaba después del día de la liberación, muchos años después todavía me perseguían memorias de esos momentos en que tuve que usar todas mis capacidades, no solo físicas, sino mentales, para sobrevivir…

Sobrevivir al frio, al calor, a la lluvia, al viento, a ir al baño teniendo que cavar un hueco en la tierra, a la sed, al hambre, a el cansancio, a la angustia, a la oscuridad de las noches, a la lejanía de lo construido, de lo mío, a ser nadie en medio de una montaña que calla, que se mantiene en silencio ante la injusticia, ante la muerte, pero más que todo, a perder tu propia identidad…

Todavía recuerdo a *"Fidel"*, un hombre convertido, en contra de su voluntad, en objeto de valor monetario, tal y como sucedía en el tiempo de los esclavos, cuando se vendían seres humanos a cambio de dinero.

En ocasiones, me siento temprano en la mañana en una pequeña mesa en la terraza de La Veguita mirando hacia la montaña, con Sergio, Camilo y Valentina, hijos que no vivieron los hechos, porque no habían nacido, aunque Dios ya los había asignado para mí y también con Cristy que tenía escasamente un año cuando sucedieron esos hechos, les hablo de aquello como algo que nunca debió suceder a ningún ser humano, y que perdonen a los que lo hicieron porque son personas más secuestradas de lo que fue Fidel, pero también estarán condenadas su vida entera.

-"Fidel bajó de esa montaña, pero no tenía espacio para seguir fuera de ella, debió volver allá, donde pertenece, solo espero que todos los Fidel que suban allá, puedan bajar seguros, encuentren a un ángel como Ada Luz, logren estar nuevamente con sus familias, disfrutar estos momentos que yo disfruto con ustedes… y nunca, nunca se sientan mal por sus logros, por sus pertenencias, por su apellido, porque siempre encontrarán en el camino quien quiera lo que ustedes han logrado con esfuerzo o por esfuerzo de su familia", les dije una y otra vez.

Por momentos pensaba que lo que me sucedió era un castigo, una deuda con la vida, como si me lo mereciera, pero nunca pude entender por qué sentía eso, tal vez así me lo hacían sentir diariamente mis carceleros.

El haber nacido en el hogar y con los padres con los que nací y crecí, con los hermanos que me tocaron en esta vida… todo aquello que se me dio en ese momento no era mi escogencia… simplemente lo encontré ahí cuando mis ojos se abrieron al mundo.

-¿Por qué habría de rechazarlo?

Muchas veces mi mente volvía a un pasado en que no existía la maldad más allá de los menesteres de la niñez, con mis padres en su automóvil campero Land Rover, asomado a la ventana mientras recorríamos esas tierras.

Siempre fueron tierras de felicidad, de trabajo, de esperanza, de música, baile y parranda…

-"¿En qué momento se convirtieron en tierra de secuestros, de odio?"…

Como si el mismo demonio estuviera intentando tomarse el alma de ese valle, de esa sierra, de su gente de alma y corazón amable, amistosa y de felicidad que evitaba los sentimientos que ese demonio siembra en las conciencias, y que una vez lo hace… acaba con la felicidad, con el gozo, con la tranquilidad del espíritu.

Porque ese demonio siembra la incertidumbre, la sensación de que no eres feliz con lo que tienes sino con lo que tienen otros.

Entonces ya tu parcela no es suficiente, tu familia no es suficiente, tu esposa no es suficiente… nada es suficiente para hacerte feliz…

-*"Te siembran la duda en tu corazón, pero no te enseñan cómo serás feliz después de ese momento, porque lo cierto es que jamás serás feliz si dejas entrar ese demonio en tu espíritu"*, pensé.

En un intento de limpiar mi espíritu de Fidel y todo lo que lo rodeaba, después de muchos meses de lo sucedido, me senté ese día de septiembre con Sixta una tarde, en una pequeña mesa al frente del lago, en la terraza de la casa en la Veguita, donde acostumbramos, desde entonces, a pasar una o dos horas juntos, sintiendo lo afortunado que somos de tenernos el uno al otro.

Tomé su mano mientras el viento fresco y limpio de la sierra nevada corría por la finca, se lograba oír el río Cesar intentando romper esas grandes rocas que llenan su camino de elegancia y color.

Los árboles que rodean la casa parecían abrir sus ramas para dejar que las Guacamayas posaran imponentes en ellas, reafirmando porque son las aves dueñas de aquellos paisajes e inspiración de compositores , acordeoneros y cantantes.

-*"Nunca te pregunté lo que tú viviste durante ese secuestro Sixta"*, le dije, *"perdóname por haber sido tan egoísta, sé que sufriste más que yo mismo"*, seguí.

-*"Me lo estás preguntando ahora, mi vida; era tu tiempo de hacerlo"*, me dijo con la grandeza y sabiduría que siempre la caracterizan.

Se levantó de la mesa, entró sin prisa, pausada, a la casa y en pocos minutos salió con una pequeña caja que contenía papeles; la puso encima de la mesa y se sentó a mi lado con una mirada paciente, de amor.

Ella sentendía que las heridas debían sanar desde adentro, que el espíritu tiene su tiempo de encontrarse nuevamente.

No sabía en ese momento lo que significaban esos papeles, ni lo que contenía esa caja, pero pronto entendí que se trataba de los fantasmas que estábamos por dejar atrás, los que íbamos a enfrentar para ahogarlos, para que dejaran de estar presentes en nuestras vidas.

Sixta puso encima de la mesa, sobre el mantel blanco que hacía resaltar, los recortes de periódico envejecidos por el paso del tiempo y la humedad.

| 22 |

Revisando Documentos

Entendí que era algo que ella quería hacer conmigo, justo en ese momento en que, más que nuestra ceremonia de matrimonio más que nuestra pequeña Cris, el sentimiento mutuo y profundo de nuestros espíritus se decían que, ya sea por un secuestro, una enfermedad o cualquier otra situación, íbamos a estar ahí, el uno para el otro, sin dudas, con la seguridad de haber encontrado a la persona indicada… *al alma gemela.*

Me incliné un poco para decidir por dónde empezar; veía esa colección de papeles y no podía dejar de pensar en los momentos que ella vivió mientras Fidel tomaba mi lugar en el afán de sobrevivir, convenciéndose a sí mismo de que…

-*"Morir no era una opción… definitivamente no lo era"*, pensé.

No cambiaría ese momento por nada.

Cris salió a nuestro encuentro con su nana, tambaleando con poco más de un año, mirándonos con esos ojos brillantes y hermosos que siempre han iluminado nuestros caminos… la senté en mis piernas y, como si supiera que era un momento de familia, solo observó, con cautela, lo que yo hacía.

Era hora de enfrentar ese momento tormentoso de mi vida, llevado de la mano por Sixta y Cristy, dejarlo atrás para disfrutar de lleno todas las bendiciones que llegarían, que tendrían nombres propios, Valentina, Sergio y Camilo, que se convertirían en el punto final de las secuelas de lo que un secuestro cruel e inhumano, como cualquier secuestro, produce en una persona.

El primer papel que encontré representaba la preocupación de una comunidad por un hecho que lesiona tanto el tejido de la sociedad…

La autora de ese escrito plasma el sentir de la familia en un periódico local, con algunos errores de ortografía, que intentaba, a todas luces, hacerme llegar esos mensajes que me hicieran saber que mi familia y amigos estaban pensando en mí, preocupados por mí, que oraban, pero también era una especie de carta de Sixta para mí.

-*"Estaremos esperando con los brazos abiertos y deseamos para entonces y en ese momento encontrar en ti el mismo hombre de valor, nobleza y sinceridad que te ha caracterizado siempre"*, decía parte de ese comunicado.

Como si presintiera que Luis Fernando fuera a ser cambiado por un Fidel durante su cautiverio, impermeable al dolor de perder su libertad, de ser humillado en sus mínimos derechos como persona, a cambio de unos pesos.

PERMANECE SECUESTRADO LUIS FERNANDO ECHEVERRI

Por Leonor Cuello Gutierrez

Hace aproximadamente 50 días, fue arrancado abruptamente del seno de su familia y hogar el joven médico de 28 años: Luis Fernando Echeverry Lacouture, hecho cautivo en horas del medio día del miércoles 10 de mayo en una pequeña finca de su propiedad llamada "La Yeguita" corregimiento de Los Pondores ubicada a escasos tres minutos de San Juan del Cesar donde se encontraba supervisando en compañía de un Ingeniero y varios trabajadores la irrigación del predio.

Desde entonces Sixta Liliana Gutiérrez de Echeverry su esposa, su madre Gloria, hermanos y familiares y su pequeña hija Cristi, claman por su pronta liberación para que retorne a su hogar al gran derroche de alegría y simpatía a que los tiene ya acostumbrados las dos mas importantes facetas de Luifer, como todos lo llaman cariñosamente.

Ahora a su esposa, quien desea aprovechar estas líneas gentilmente cedidas por el periódico El Pilón para que ʼl donde quiera que se encuentre pueda ͺlos:

"Luis Fer: No es fácil tener que dirigirme a ti en circunstancias tan penosas, sin embargo una fuerza más grande y yo mismo me impulsa para llegar donde quiera que te encuentres, quiero que sepas que aún cuando hayan pasado días interminables para Cristi, para mi y para todos los que te queremos, tu permaneces en cada momento de nuestras vidas y la imagen de ese hombre sincero y juguetón no nos abandonó jamás, ten mucha paciencia, y por favor ten ante todo mucha fé en Dios, en ese Dios que nos acompañado siempre y que estoy seguro nos abandonará.

Tu familia y amigos no dejan de preguntar por ti y todos estamos a la espera de un rápido y feliz desenlace. Nunca olvides que existe mucha gente que te quiere y te necesita.

Así es que ánimo y seguridad para salir adelante, para cuando regreses tu familia y la mía, Cristina y yo te estaremos esperando con los brazos abiertos y deseamos para entonces y en ese momento, encontrar en ti el mismo hombre de valor, nobleza y sinceridad que te ha caracterizado siempre.

Cuídate mucho y que Dios te bendiga".

Caminata Pro-liberación

El segundo papel que escogí ese día también era un recorte del periódico local.

En San Juan del Cesar

Caminata para pedir liberación de médico

Por Leonor De la Cruz

Una caminata de solidaridad para pedir la liberación del médico Luis Fernando Echeverri, quien se encuentra secuestrado desde hace un mes, se realizará la semana próxima en San Juan del Cesar, Guajira.

La comunidad en general, integrada por los estudiantes, profesionales, juntas de acción comunal, en fin todos los estamentos del Municipio están organizando la marcha para pedir a los captores de Luis Fernando Echeverri que lo liberen sano y salvo.

Luis Fernando Echeverri, de 27 años, médico de profesión, está casado con Sixta Gutiérrez Abello y es padre de una niña de año y medio de nombre Cristina.

Cabe recordar que cuando fue secuestrado Luis Fernando se encontraba instalando un riego en una pequeña propiedad que tiene en el corregimiento de Los Pondores, en San Juan del Cesar, Guajira, para superar los largos veranos en la región.

Se encontraba acompañado por el ingeniero que instalaba el riego y varios de los empleados de la finca, cuando ocho hombres vistiendo prendas de uso privativo del Ejército, lo sorprendieron y se le llevaron con rumbo hasta ahora desconocido. Luis Fernando es hijo de Enrique Echeverri Arango (fallecido), y Gloria Lacouture de Echeverri. Enrique Echeverri, era natural de El Líbano, Tolima, y fue dos veces Alcalde de San Juan del Cesar, Guajira, prestando innumerables servicios a la comunidad. Lo quisieron tanto en esa región, que incluso un barrio lleva su nombre, Enrique Echeverri Arango.

Enrique Echeverri era una persona bondadosa y de mucho espíritu cívico y su hijo Luis Fernando en su corta edad ha continuado la labor de su padre. Luis Fernando es el mayor de los hijos y ejerce la medicina en forma gratuita, mostrando la generosidad y bondad que heredó de su padre.

La marcha a realizarse el próximo 22 de junio saldrá a las 8 de la mañana de la Plaza Santander, recorrerá las calles hasta llegar a la Avenida Manuel Antonio Dávila, por allí bajará para entrar a la Plaza Bolívar, donde se realizará una misa campal al término de la caminata.

| 24 |

Periódico 1995

Era la primera vez que leía estos recortes y no pude evitar que mis ojos se llenaran de lágrimas con cada renglón, porque sentía el cuidado de lo escrito para convencer a los carceleros de liberarme.

Imagino a cada madre de un secuestrado, buscando desesperadamente comunicarse con sus captores para suplicar que sea liberado, porque estoy seguro de que mi madre, como cualquier madre…

-*"Se canjearía por mí, solo para evitar mi dolor, mi tristeza, mi desasosiego… no tengo la menor duda"*, pensé.

Pero mi madre ya había tenido suficiente dolor con la muerte de mi padre; no merecía esto.

-*"Yo estoy segura de que los que secuestraron a mi hijo van a reflexionar y se van a dar cuenta del daño que le hacen a una madre, a una esposa, a una hija"*, decía este comunicado.

¿Quién más podría escribir esto?…

La mujer que me dio la vida y, aunque está usando la razón, el mundo del secuestro no tiene en cuenta ningún sufrimiento; eso lo aprendí… *yo estuve ahí.*

Habitantes protestan contra la

tradas presuntamente por la guerrilla y que tal como ocurrio con el ganadero Julio Calderon Geovaneti, se encuentran en cautiverio sin informaciones claras y evidentes de retornar al seno de sus familias.

Sin establecer quienes fueron los autores del plagio, se lo llevaron con rumbo desconocido hace 45 días. Hoy nada se sabe de él por ello la preocupación hace parte de la cotidianidad de la familia Echeverry Lacuture, una familia que con esfuerzo y "sudándola" alcanzó a tener conque vivir como Dios manda.

Doña Gloria Lacouture viuda de Echeverry, todos los días aguarda en su re-sidencia de San Juan del Cesar, a tener noticias o que le devuelvan a su hijo, Luis Fernando, "pero que se lo devuelvan con vida".

Según ella, desde el día que lo secuestraron en una finca de su propiedad no ha dejado de llorar. "Ya se me agotaron las lágrimas", pero sostiene que su patrono San Juan Bautista le hará el milagro de volverlo a ver."

"Yo estoy segura que los que secuestraron a mi hijo van a reflexionar y se van a dar cuenta del daño que le hacen a una madre, una esposa, a una hija", afirma la madre de Luis Fernando, quien ofreció e[...] cios méd[...] personas [...]

"Por f[...] hijo no l[...] Gloria L[...] sumida [...] su rostro[...] za.

El Al[...] Jairo Suá[...] cha por [...] es la mu[...] que está[...] hace tie[...]

| 25 |

Carta Gloria Lucia

Sixta mantenía sus ojos llorosos sobre los míos; esto que estaba haciendo era el momento de los tres, para borrar cualquier vestigio de Fidel en nuestras vidas.

Una de varias cartas de mi hermana que expresaba mejor con letras que con palabras lo que sentía me llenó de nostalgia, era la primera vez que leía sus sentimientos… Mi querida Gloria Lucía, mi única hermana.

-*"Gracias por estar ahí para Sixta y Cris"*, pensé en ese momento.

Barranquilla, Junio 13 / 95

Querido Sixta Liliana,

Cuando estuve en Valledupar sentí una fuerza grandísima que me decía que Luiper estaba realmente cerca. No tardé mucho en comprender que esa fuerza estaba en ti y en Cristina. Tu valor, seguridad y amor que expresas nó sólo a Cristi sino a los que te rodean, me hizo comprender que Luiper está con nosotros a través de ti. Es cierto, pronto regresará Luiper a tu hogar y juntos transmitirán el amor y la felicidad que tanto deseamos ahora. Permítanme entonces estar cerca de ustedes y con amor contribuir con un granito de arena en esa felicidad inmensa. Continúa en tu lucha y oraciones, estoy segura que

| 26 |

Carta Luis Fernando

Los siguientes documentos que revisé me recordarían lo preocupado que estaba yo en esa selva...

Pude notar que muchas de las cartas que yo escribía eran manipuladas por ellos con tachones en párrafos que pretendían darle tranquilidad a mi familia para que asumieran mayor calma y cabeza fría durante las negociaciones.

hagan la cosas bien y hecho
no involucrar al Ejécito
[tachado]
[tachado]
[tachado]
[tachado]
[tachado]
[tachado]
[tachado]
explicarles los paso a
seguir para ponerse en
contacto.
Como te imaginarás esta
es una dificil experiencia
[...] sigo me encuentro
bien.
Me despido queriendote
más que nunca.
feliz dia de la madre
se lo haces extensivo a
mi Mama, tu mama y
demás Mamás
con amor: tu fer.

Diario Durante El Secuestro 1

Por el tiempo que pasaba, por la posibilidad de ser olvidado, por evitar que las fuerzas militares intentaran rescatarme... ese temor volvió a invadir por un segundo mi piel mientras leía esos documentos.

"Familia, muévanse rápido, busquen el dinero prestado para sacarme, pero rápido, ya van 2 meses...", escribí yo en una improvisada hoja mientras estaba en la montaña.

Ahora que lo leo, entiendo la situación en que me encontraba, pero también en la que se encontraba mi familia en ese momento. La presión sobre ellos venía de la guerrilla, además del gobierno, pero sobre todo... de mí mismo.

-*"Debo pedirles perdón algún día"*, pensé en silencio.

oficina v/pupar 736927

INSERT DATE FOR YOUR CONVENIENCE

SUNDAY
familia, alma, muevanse rápido

MONDAY
Busquen el dinero prestado para sacarme

TUESDAY de aquí, pero rapido ya van 2 meses y la guerrilla

WEDNESDAY se puede Retirar para presionar y de todas formas

THURSDAY hay que pagar el rescate y cada dia corro

FRIDAY peligro por posibles operativos del Ejercito y

SATURDAY riesgos del monte. La guerrilla se puede retirar por varios meses.

| 28 |

Diario Durante El Secuestro 2

El documento que seguiría me recordaría el momento en que logré enviar las primeras notas escritas en una improvisada agenda.

-"Apenas reciban o escuchen estas notas, envíen el mensaje por radio por las emisoras de San Juan y la Voz del Cañaguate según las claves...".

-"Con el ejército no me liberen; me matan...".

Estas me recordaban mis mayores preocupaciones; me hacían entender lo frágil que me sentía. La fortaleza que debí mostrar para no sucumbir ante la sensación de ser abandonado por la familia y la posibilidad de morir.

FOR YOUR CONVENIENCE

MONDAY 740246

Apenas Reciban o
Escuchen estas Notas

MONDAY
— Envien el mensaje
Por Radio por las

TUESDAY Emisoras de
— San Juan y la
Voz del cañaguate
según las claves

WEDNESDAY
— a varias horas del
dia y cada dia o

THURSDAY
— cada dos dias.
Les insisto, con el

FRIDAY Ejercito no
— me liberan me matan.
asi que por Dios

SATURDAY
— No Pregunten a ⟶

| 29 |

Diario Durante El Secuestro 3

El enfrentarme a esos escritos me dolía, pero a la vez me permitía entender, racionalizar y enterrar… para siempre.

Hoy al leerlos, siento que hice un buen trabajo interpretando cómo liderar mi vida en ese ambiente, cómo liderar mi propia liberación, pasando por guiar a mi gente.

"No se demuestren desesperados por mi salud si ellos no les dicen nada, ojo con eso"…

-"Mejor por La Voz de Cañaguate, en el programa de Julio de la Rosa de 4:00 a 5:00 a.m…"

Cuiden a Cristi y Sixta.
No se demuestren desesperados por
mi salud si ellos no les dicen nada
Ojo con eso.

Mejor Por la voz → en el programa
del caraguate o por   de julio de lo else
                       de julio de 4 a 5 am.
Las 3 (si es por la voz de la
Provincia me mandan los
mensajes en el programa de
2 a 3 de la Tarde "asi canta la costa"

| 30 |

Carta A Sixta

Entre más leía, más entendía que el amor me guiaba… el amor por la vida, el amor por mi libertad, pero más que todo, el amor por los momentos que perdí lejos de mi esposa y mi hija.

-*"Esa era la razón por la que morir no era una opción"*, pensé mientras mi hija tomaba mi dedo índice con su pequeña mano.

-*"Espero salir lo más pronto de aquí para estar con ustedes"*.

Tal vez me faltó agradecer suficientemente a Sixta la fuerza que me hizo sentir cada día en esa montaña, pero también a Cristina, que con su inocencia me mostraba el poder de una mirada, de una sonrisa, de su pequeña mano aferrada a la mía, como temiendo que algún día faltara en su vida, sin saber que al hacerlo…

-*"Yo sentía más temor de no estar en la suya"*.

Hoy, muchos años después, cuando la veo, ya una mujer adulta, profesional, casada y con una hermosa hija…. mi nieta Analía, se de lo que me hubiera perdido si las cosas no hubieran tomado el curso que tomaron, si la gente que apareció en el camino de mi secuestro no hubieran sido mis ángeles o si mi padre no me hubiera guiado en los momentos difíciles.

Sixta mi amor te escribo
estas lineas para decirte
que me encuentro bien de
salud, aunque muy angus-
tiado con esta situación.
Me hace mucha falta
Cristi y Tú.
Espero salir lo mas
pronto de aqui para
estar con ustedes
las adoro

| 31 |

Carta Henry y Syxta

A pesar del dolor insoportable asociado al vómito y un invivible malestar que me causó esa piedra en el riñón derecho, hoy, mientras leo estas comunicaciones, me doy cuenta de la bendición que representó para mí esa piedra, porque me dio durante ese secuestro la primera oportunidad para iniciar el proceso de negociar yo, personalmente...

-"Mi propia liberación".

La posibilidad de un intento de liberación por el ejército se convirtió rápidamente en una de mis mayores preocupaciones; los mismos guerrilleros me lo advertían permanentemente.

-"Pida al cielo que el ejército no intente rescatarlo Fidel... el primer muerto sería usted", me decían cada vez que sentían la presencia de unidades del ejército o aviones de la Fuerza Aérea.

①

Henry, Sixta, Momi Les
he mandado varios cartas
suplicandoles solucionen mi
situación, Al parecer a
ustedes les parece que
yo estoy muy bien. aqui
Pues no, me encuentro
muy stirzado, preocupad
y hasta me he enfermado
de calculo renal.
Si ustedes creen que
con el Ejercito me va
a matar estan muy
equivocados inclusive pued
por mi vida, así q
en esa posibilidad
se los he pedido
nidad de veces

| 32 |

Carta Luis Fernando

-*"Les recuerdo que los quiero y extraño mucho con desesperación y creyendo en ustedes..."*, leí en ese papel.

Lo escribí en ese momento en que me encontraba muy nostálgico, lleno de miedo, sin ver la salida en medio de esa selva, rodeado por extraños que, al pasar de los días, insistentemente me decían que mi familia no me quería libre, que no querían negociar, o... que no había interés.

-*"Tanto que, por momentos, solo por momentos, me daba temor que fuera cierto... sembraron dudas en mí de la decisión férrea de mi familia, de mi madre o de mi esposa de sacarme de ese infierno"*, pensé mientras leía esas líneas que yo mismo escribí, con mi puño y letra.

no ve posición seria y
decidida a negociar se
va a alejar de ustedes
y a si me puedo queda
por mucho tiempo rete-
nido.
No es juego, les estoy
guiando por el camino
que puede ser mas efec-
tivo y seguro. Busquen
rapido los contactos y
negocien el rescate y los
compromisos de una vez
por todas.
Les Recuerdo que los
Quiero y extraño mucho
con desesperación y
creyendo en ustedes
Luis Fernando

| 33 |

Lealtad

Ese día de septiembre, sentado con mi familia en esa mesa, me di cuenta de que la crueldad de un secuestro no es solo la *"retención"* física en un espacio que no te pertenece… sino también la tortura mental que doblega la voluntad del secuestrado, llegando inclusive a dudar de su propia sangre, de la fuerza de la lealtad de tu familia, de tu esposa, hasta de tu madre. Aunque nunca dimensioné la importancia de esa palabra, ese día, leyendo esas letras, aprendí de mí mismo algo que mi padre ya me había mencionado, pero nunca supe cómo se aplicaría en mi vida…

"La lealtad" es una palabra que suena corta, pero de un significado inmenso.

"Jamás comprometer a mis amigos si me quieren vivo", decía en mi puño y letra.

Sixta me señalaba esa pequeña nota en ese papel que venía de las montañas, escrita por un Fidel amedrentado y disminuido, pero que, a pesar de las condiciones, conservaba la dignidad de lo enseñado por un padre lleno de sabiduría. Ella lo señalaba porque nunca antes de ese día entendió completamente por qué yo escribí esa frase al costado de la carta…

A pesar de lo lento que transcurrían los días en esa montaña y de la desesperación por salir de esa situación, el momento en que me pidieron nombres de personas *"secuestrables"* como una de las condiciones para negociar a menor precio mi liberación, casi sin pensarlo, mi respuesta fue contundente…

-*"Prefiero quedarme con ustedes hasta que consigamos todo el dinero"*, les dije las dos veces que se me preguntó.

Debo decir en este punto que no culpo a quien, en su momento, dio de esa forma el nombre de mi hermano para ser secuestrado, porque sé lo que esa persona estaba viviendo ahí, y deseo que haya sido liberado, así como las otras dos personas que sugirió para ser objeto de secuestro…

-*"Quienquiera que seas… te perdono, porque sé perfectamente quién es el monstruo de esta historia… no eres tú"*, pensaba en ese momento mientras leía.

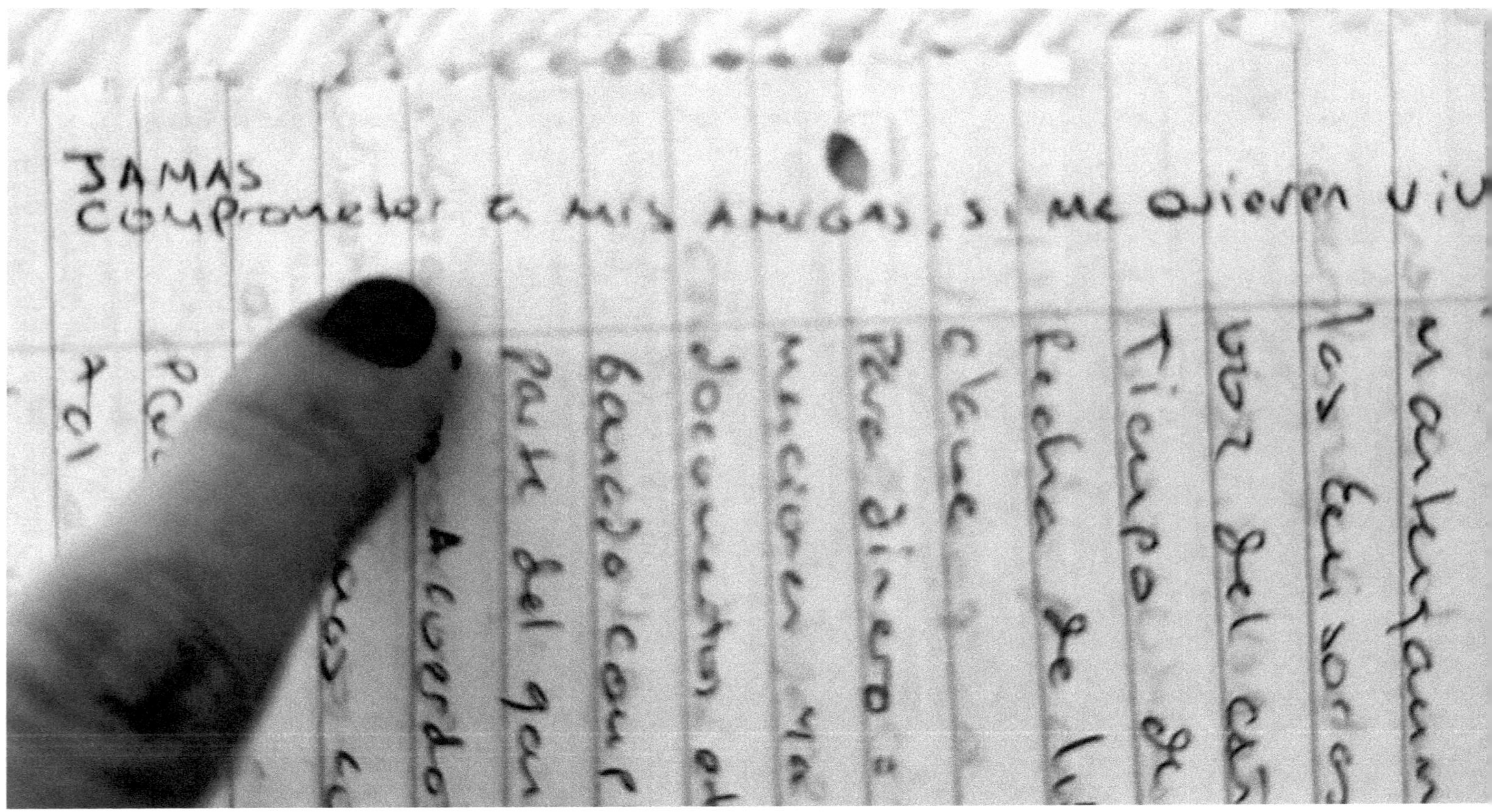
JAMAS
comprometer a mis amigas, si me quieren viv
pc
tel
Acuerdo
parte del gen
bancario cou
documentos et
menciones ya
Pero dinero:
clave
fecha de lu
tiempo de
voz del cas
las televisores
mantenganm

| 34 |

Sentencia De Muerte

El tiempo transcurría entre ese tumulto de cartas y anotaciones que develaban las memorias que se debatían entre los momentos tensos, llenos de temor y angustia, y los que, por el contrario, me daban alguna sensación de calma y seguridad… de esperanza.

Siempre recordaré a personas que me dieron la mano en momentos de flaqueza, aunque pertenecieran a mis carceleros, porque me ayudaron cuando lo necesité. Sé, como lo he dicho antes en este relato, que muchos de ellos son a la vez más prisioneros que yo en ese mundo.

-*"Rezo por ustedes y pido a Dios que les dé paz algún día, así nunca lleguen a tener lo que buscaban en ese grupo, porque será imposible tenerla mientras necesiten un Fidel retenido en esa montaña para conseguir lo que sea que signifique su felicidad"*, pensé mientras organizaba el último grupo de papeles.

En ese momento tuve una sensación de libertad que no había sentido desde mi liberación después de pagar lo exigido, como si mi espíritu soltara las cadenas que, a pesar de no existir físicamente, ataban mi mente a un fragmento de mi vida al que nunca quise entrar y al que no pertenecía.

-*"Solo Fidel pertenecía a ese mundo"*, dije en voz baja.

Mientras tanto, preparaba el próximo documento.

-*"Constancia de responsabilidad"*, leí el encabezado de la carta que seguía en orden.

No podía creer lo que veían mis ojos...

-*"Constancia de responsabilidad..."*, volví a leer con atención.

Sentí que una gota de agua cayó sobre la esquina de ese papel... pensé que empezaría a llover, pero el cielo estaba completamente despejado.

Miré a Sixta, que, parada a mi lado, en ese momento llevaba su mano a uno de sus ojos que dejaban correr una lágrima sin que pudiera evitarlo. Su mirada bastó para entender que probablemente ese papel le recordaba el momento más duro y desesperanzador de mi ausencia forzada...

Para ese momento mi hermano Henry había logrado reunir solo treinta millones de pesos de los mil millones exigidos; él asistió a la cita...

Fue obligado a firmar este documento...

Julio 15 /95

Costancia de Responsabilidad.

El 10 de Mayo /95, fue retenido por nuestra Organización, el señor Luis Fernando Lacouture, identificado con C.C. # 80.412.383 Bta.

Retencion que se caracteriza por ser economico y pero su liberacion exigimos la suma de $ 1000.000.000.00 (Mil millones de pesos. m/c).

Su hermano Henry Echevery Lacouture quien se encuentra al frente de todo el proceso de negociacion y en la finiquitocion del mismo, se abstiene de pagar el impuesto exigido, trayendo esto como consecuencia el fin de la vida del señor Luis Fernando Echevery Lacouture, quedando asi toda su familia comprometida con la organizacion y declarados ellos, objetivos militares.

Para mayor costancia, firmo el presente documento, el 15 de Julio /95, en la seguridad del perija.

Firmo.

Ate: frente Guerrillero:

Jose Manuel Martinez Quiroz

U-C.E.L.N.

| 35 |

Mensajes en el Periodico

El segundo papel que escogí ese día también eran recortes de periódico local.

Era la primera vez que leía estos recortes y no pude evitar que mis ojos se llenaran de lágrimas con cada renglón, porque sentía el cuidado de lo escrito para convencer a los carceleros de liberarme.

Imagino a cada madre de un secuestrado, buscando desesperadamente comunicarse con sus captores para suplicar que sea liberado, porque estoy seguro de que mi madre, como cualquier madre...

-*"Se canjearía por mí, solo para evitar mi dolor, mi tristeza, mi desasosiego... no tengo la menor duda"*, pensé.

Pero mi madre ya había tenido suficiente dolor con la muerte de mi padre; no merecía esto.

En San Juan del Cesar

Caminata para pedir liberación de médico

Por Leonor De la Cruz

Una caminata de solidaridad para pedir la liberación del médico Luis Fernando Echeverri, quien se encuentra secuestrado desde hace un mes, se realizará la semana próxima en San Juan del Cesar, Guajira.

La comunidad en general, integrada por los estudiantes, profesionales, juntas de acción comunal, en fin todos los estamentos del Municipio están organizando la marcha para pedir a los captores de Luis Fernando Echeverri que lo liberen sano y salvo.

Luis Fernando Echeverri, de 27 años, médico de profesión, está casado con Sixta Gutiérrez Abello y es padre de una niña de año y medio de nombre Cristina.

Cabe recordar que cuando fue secuestrado Luis Fernando se encontraba instalando un riego en una pequeña propiedad que tiene en el corregimiento de Los Pondores, en San Juan del Cesar, Guajira, para superar los largos veranos en la región.

Se encontraba acompañado por el ingeniero que instalaba el riego y varios de los empleados de la finca, cuando ocho hombres vistiendo prendas de uso privativo del Ejército, lo sorprendieron y se le llevaron con rumbo hasta ahora desconocido. Luis Fernando es hijo de Enrique Echeverri Arango (fallecido), y Gloria Lacouture de Echeverri. Enrique Echeverri, era natural de El Líbano, Tolima, y fue dos veces Alcalde de San Juan del Cesar, Guajira, prestando innumerables servicios a la comunidad. Lo quisieron tanto en esa región, que incluso un barrio lleva su nombre, Enrique Echeverri Arango.

Enrique Echeverri era una persona bondadosa y de mucho espíritu cívico y su hijo Luis Fernando en su corta edad ha continuado la labor de su padre. Luis Fernando es el mayor de los hijos y ejerce la medicina en forma gratuita, mostrando la generosidad y bondad que heredó de su padre.

La marcha a realizarse el próximo 22 de junio saldrá a las 8 de la mañana de la Plaza Santander, recorrerá las calles hasta llegar a la Avenida Manuel Antonio Dávila, por allí bajará para entrar a la Plaza Bolívar, donde se realizará una misa campal al término de la caminata.

| 36 |

Leyendo los Periódicos

Sixta mantenía sus ojos llorosos sobre los míos; esto que estaba haciendo era el momento de los tres, para borrar cualquier vestigio de Fidel en nuestras vidas.

Habitantes protestan contra la

tradas presuntamente por la guerrilla y que tal como ocurrio con el ganadero Julio Calderon Geovaneti, se encuentran en cautiverio sin informaciones claras y evidentes de retornar al seno de sus familias.

Sin establecer quienes fueron los autores del plagio,se lo llevaron con rumbo desconocido hace 45 días. Hoy nada se sabe de él por ello la preocupación hace parte de la cotidianidad de la familia Echeverry Lacuture, una familia que con esfuerzo y "sudándola" alcanzó a tener conque vivir como Dios manda.

Doña Gloria Lacouture viuda de Echeverry, todos los días aguarda en su re-

sidencia de San Juan del Cesar, a tener noticias o que le devuelvan a su hijo, Luis Fernando, "pero que se lo devuelvan con vida".

Según ella, desde el día que lo secuestraron en una finca de su propiedad no ha dejado de llorar. "Ya se me agotaron las lágrimas", pero sostiene que su patrono San Juan Bautista le hará el milagro de volverlo a ver."

"Yo estoy segura que los que secuestraron a mi hijo van a reflexionar y se van a dar cuenta del daño que le hacen a una madre, una esposa, a una hija", afirma la madre de Luis Fernando, quien

ofreció e
cios méd
personas

"Por f
hijo no l
Gloria L
sumida
su rostro
za.

El Al
Jairo Sua
cha por
es la mu
que está
hace tie

| 37 |

Carta De Gloria Lucia

Una de varias cartas de mi hermana que expresaba mejor con letras que con palabras lo que sentía me llenó de nostalgia, era la primera vez que leía sus sentimientos... mi querida Gloria lucía, mi única hermana.

-*"Gracias por estar ahí para Sixta y Cris"*, pensé en ese momento.

Barranquilla, Junio 13 / 95

Querida Sixta Liliana,

Cuando estuve en Valledupar sentí una fuerza grandísima que me decía que Luiper estaba realmente cerca. No tardé mucho en comprender que esa fuerza estaba en ti y en Cristina. Tu valor, seguridad y amor que expresas nó sólo a Cristi sino a los que te rodean, me hizo comprender que Luiper está con nosotros a través de ti. Es cierto, pronto regresará Luiper a tu hogar y juntos transmitirán el amor y la felicidad que tanto deseamos ahora. Permítanme entonces estar cerca de ustedes y con amor contribuir con un granito de arena en esa felicidad inmensa. Continúa en tú lucha y oraciones, estoy segura que

| 38 |

Carta Autorizada Por La Guerrilla

L os siguientes documentos que revisé me recordarían lo preocupado que estaba yo en esa selva...

Pude notar que muchas de las cartas que yo escribía eran manipuladas por ellos con tachones en párrafos que pretendían darle tranquilidad a mi familia para que asumiera mayor calma y cabeza fría durante las negociaciones.

hagan la cosa [illegible]
no involucren al Ejército
[illegible]
[illegible]
[illegible]
[illegible]
[illegible]
[illegible]
[illegible]
explicandolas, poig a
seguir [illegible] poner en
contacto. [illegible]
Como te imaginarás esta
[illegible] dificil experiencia
[illegible] siento que [illegible]
bien [illegible]
Me despido, queriendote
más que nunca.
feliz dia de la madre,
se lo haces extensivo a
mi Mama, tu mama y
demás Mamás [illegible]
con amor: tu fer.

Mi Diario Durante El Secuestro... Desesperado

Por el tiempo que pasaba, por la posibilidad de ser olvidado, por evitar que las fuerzas militares intentaran rescatarme… ese temor volvió a invadir por un segundo mi piel mientras leía esos documentos.

-*"Familia, muévanse rápido, busquen el dinero prestado para sacarme, pero rápido, ya van 2 meses…"*, escribí yo en una improvisada hoja mientras estaba en la montaña.

Ahora que lo leo, entiendo la situación en que me encontraba, pero también en la que se encontraba mi familia en ese momento.

La presión sobre ellos venía de la guerrilla, además del gobierno, pero sobre todo… de mí mismo.

-*"Debo pedirles perdón algún día"*, pensé en silencio.

oficina v/oupar 736927 o
2318 47

INSERT DATE FOR YOUR CONVENIENCE

SUNDAY
— familia, alma,
muevanse rápido

MONDAY
— Busquen el dinero
prestado para sacarme

TUESDAY de aquí, pero
— rapido ya van 2
meses y la guerrilla

WEDNESDAY se puede
— Retira para presiona
y de todas formas

THURSDAY hay que
— pagar el rescate
y cada dia coiro

FRIDAY peligro por
— posibles operativos
del Ejercito y

SATURDAY riesgos del
— Monte. La guerrilla se
puede retira por varios meses.

| 40 |

Mi Diaro Durante El Secuestro... Instrucciones

El documento que seguiría me recordaría el momento en que logré enviar las primeras notas escritas en una improvisada agenda.

-"Apenas reciban o escuchen estas notas, envíen el mensaje por radio por las emisoras de San Juan y la Voz del Cañaguate según las claves...".

-"Con el ejército no me liberen; me matan...".

Estas me recordaban mis mayores preocupaciones; me hacían entender lo frágil que me sentía. La fortaleza que debí mostrar para no sucumbir ante la sensación de ser abandonado por la familia y la posibilidad de morir.

FOR YOUR CONVENIENCE

MONDAY 740246
Apenas reciban o
escuchen estas notas

MONDAY
envíen el mensaje
por radio por las

TUESDAY emisoras de
San Juan y la
voz del cañaguate
según las claves

WEDNESDAY
a varias horas del
día y cada día o

THURSDAY cada dos días.
Les insisto, con el

FRIDAY ejercito no
me liberan me matan.
así que por Dios

SATURDAY No pregunten a ⟶

| 41 |

Usando Estacion Radial Para Enviar M

El enfrentarme a esos escritos me dolía, pero a la vez me permitía entender, racionalizar y enterrar… para siempre.

Hoy, al leerlos, siento que hice un buen trabajo interpretando cómo liderar mi vida en ese ambiente, cómo liderar mi propia liberación, pasando por guiar a mi gente.

-"No se demuestren desesperados por mi salud si ellos no les dicen nada, ojo con eso"…

-"Mejor por La Voz de Cañaguate, en el programa de Julio de la Rosa de 4:00 a 5:00 a.m…"

cuidá a Cristi y Sixta.
No se demuestren desesperados por
mi salud si ellos no les dicen nada
Ojo con eso.

Mejor Por la voz
del Caraguate → en el programa
de Julio de lo ose
de 4 a 5 am.
o Por
las 3 (si es por la voz de la
Provincia me mandan los
mensajes en el programa de
2 a 3 de la tarde "así canta la costa"

Los mensajes en voz
Julio de la cosa e

| 42 |

Carta A Sixta

Entre más leía, más entendía que el amor me guiaba… el amor por la vida, el amor por mi libertad, pero más que todo, el amor por los momentos que perdí lejos de mi esposa y mi hija.

-*"Esa era la razón por la que morir no era una opción"*, pensé mientras mi hija tomaba mi dedo índice con su pequeña mano.

-*"Espero salir lo más pronto de aquí para estar con ustedes"*.

Tal vez me faltó agradecer suficientemente a Sixta la fuerza que me hizo sentir cada día en esa montaña, pero también a Cristina, que con su inocencia me mostraba el poder de una mirada, de una sonrisa, de su pequeña mano aferrada a la mía, como temiendo que algún día faltara en su vida, sin saber que al hacerlo…

-*"Yo sentía más temor de no estar en la suya"*.

Hoy, muchos años después, cuando la veo, ya una mujer adulta, profesional, casada y con una hermosa hija.... mi nieta Analía, sé de lo que me hubiera perdido si las cosas no hubieran tomado el curso que tomaron, si la gente que apareció en el camino de mi secuestro no hubieran sido mis ángeles o si mi padre no me hubiera guiado en los momentos difíciles.

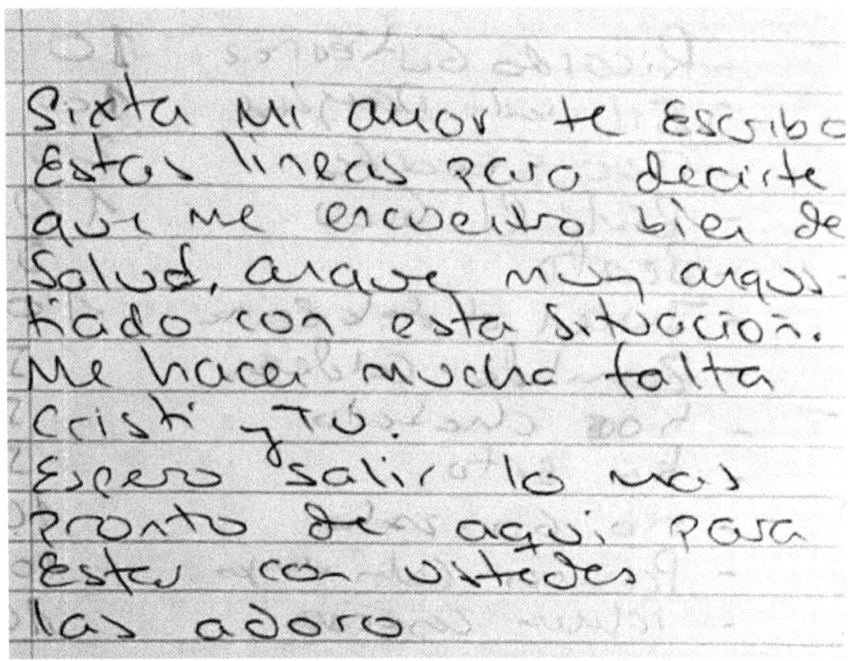

| 43 |

Carta, Sufriendo Calculo Renal

A pesar del dolor insoportable asociado al vómito y un invivible malestar que me causó esa piedra en el riñón derecho, hoy, mientras leo estas comunicaciones, me doy cuenta de la bendición que representó para mí esa piedra, porque me dio durante ese secuestro la primera oportunidad para iniciar el proceso de negociar yo, personalmente…

-"Mi propia liberación".

La posibilidad de un intento de liberación por el ejército se convirtió rápidamente en una de mis mayores preocupaciones, los mismos guerrilleros me lo advertían permanentemente.

-"Pida al cielo que el ejército no intente rescatarlo Fidel… el primer muerto sería usted", me decían cada vez que sentían la presencia de unidades del ejército o aviones de la Fuerza Aérea.

①

Henry, Sixta, Mami Les
he Mandado varios cartas
suplicandoles Solucionar mi
situación, al parecer a
ustedes les parece que
yo estoy muy bien. aqui
Pues no, me encuentro
Muy stresado, preocupad
y hasta me he enfermado
de calculo renal.
Si ustedes creen que
con Ejercito me va
a [i]latar estan muy
e[i]cados, inclusive pued
p[i] mi vida, asi q
[i]en esa posibilidad
[i] cc los he pedido
[i]ndad de veces

| 44 |

Carta Con Instrucciones

-*"Les recuerdo que los quiero y extraño mucho con desesperación y creyendo en ustedes..."*, leí en ese papel.

Lo escribí en ese momento en que me encontraba muy nostálgico, lleno de miedo, sin ver la salida en medio de esa selva, rodeado por extraños que, al pasar de los días, insistentemente me decían que mi familia no me quería libre, que no querían negociar, o… que no había interés.

-*"Tanto que, por momentos, solo por momentos, me daba temor que fuera cierto... sembraron dudas en mí de la decisión férrea de mi familia, de mi madre o de mi esposa de sacarme de ese infierno"*, pensé mientras leía esas líneas que yo mismo escribí, con mi puño y letra.

no ve posición seria y
decidida a negociar se
va a alejar de ustedes
y a si me puedo queda
por mucho tiempo rete-
nido.
No es juego, les estoy
guiando por el camino
que puede ser mas efec-
tivo y seguro. Busquen
rapido los contactos y
negocien el rescate n los
compromisos de una vez
por todas.
Les Recuerdo que los
Quiero y extraño mucho
con desesperación y
creyendo en ustedes
        Luis Fernando

| 45 |

Lealtad

Ese día de septiembre, sentado con mi familia en esa mesa, me di cuenta de que la crueldad de un secuestro no es solo la "retención" física en un espacio que no te pertenece… sino también la tortura mental que doblega la voluntad del secuestrado, llegando inclusive a dudar de su propia sangre, de la fuerza de la lealtad de tu familia, de tu esposa, hasta de tu madre.

Aunque nunca dimensioné la importancia de esa palabra, ese día, leyendo esas letras, aprendí de mí mismo algo que mi padre ya me había mencionado, pero nunca supe cómo se aplicaría en mi vida…

-*"La Lealtad"*, una palabra que suena corta, pero de un significado inmenso.

-*"Jamás comprometer a mis amigos si me quieren vivo"*, decía en mi puño y letra.

Sixta me señalaba esa pequeña nota en ese papel que venía de las montañas, escrita por un Fidel amedrentado y disminuido, pero que, a pesar de las condiciones, conservaba la dignidad de lo enseñado por un padre lleno de sabiduría. Ella lo señalaba porque nunca antes de ese día entendió completamente por qué yo escribí esa frase al costado de la carta…

A pesar de lo lento que transcurrían los días en esa montaña, y de la desesperación por salir de esa situación, el momento en que me pidieron nombres de personas secuestrables como una de las condiciones para negociar a menor precio mi liberación, casi sin pensarlo mi respuesta fue contundente…

-"Prefiero quedarme con ustedes hasta que consigamos todo el dinero", les dije las dos veces que se me preguntó.

Debo decir en este punto que no culpo a quien, en su momento, dio de esa forma el nombre de mi hermano para ser secuestrado, porque sé lo que esa persona estaba viviendo ahí, y deseo que haya sido liberado, así como las otras dos personas que sugirió para ser objeto de secuestro…

-"Quienquiera que seas… te perdono, porque sé perfectamente quién es el monstruo de esta historia… no eres tú", pensaba en ese momento mientras leía.

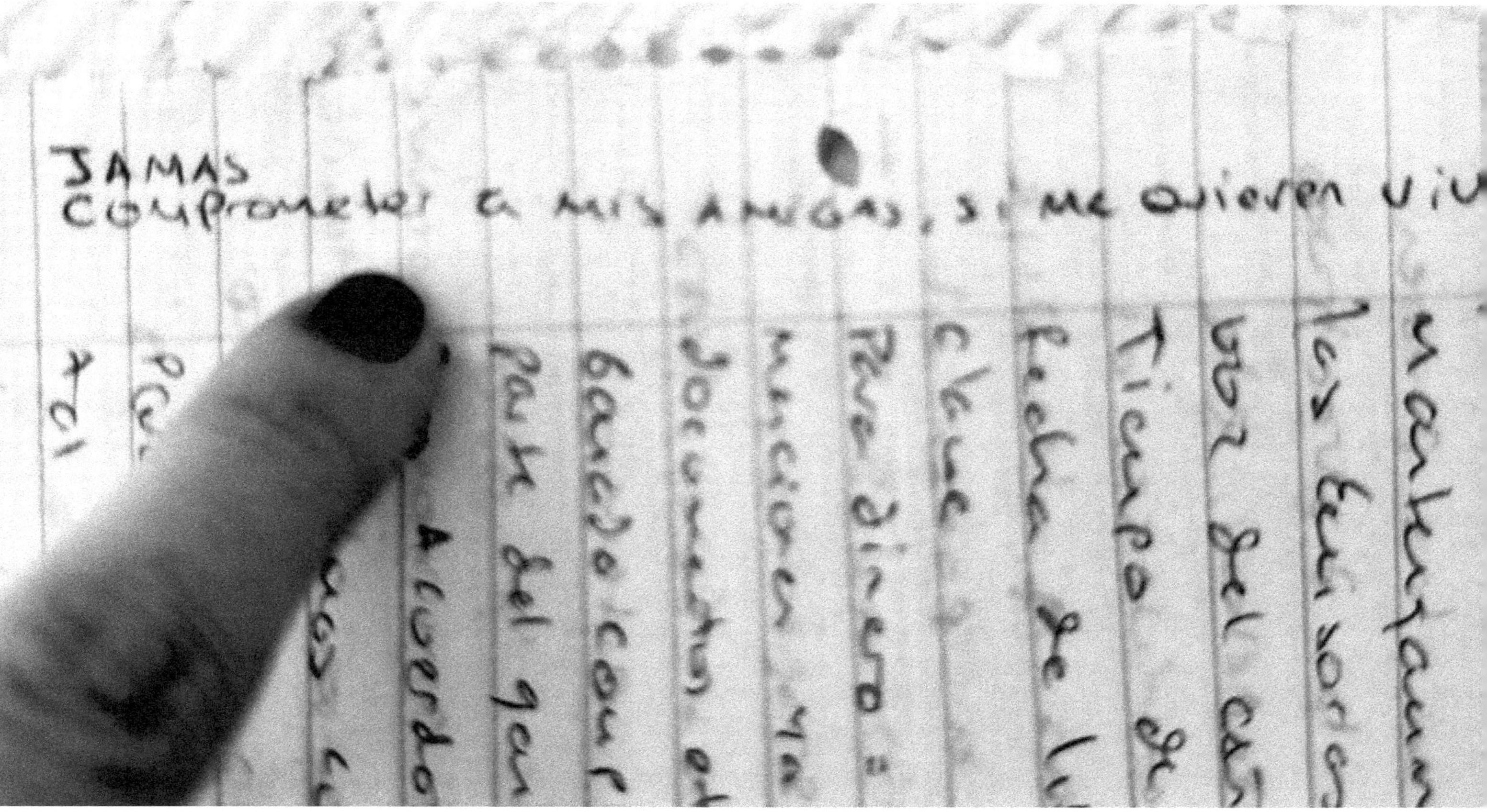
JAMAS comprometer a mis amigas, si me quieren viv
Acuerdo
parte del ge
banco o con
documentos el
mencionar ya
Para dinero =
clave =
fecha de lu
Tiempo de
voz del cas
las televisora
mantenganm

| 46 |

Sentencia De Muerte

El tiempo transcurría entre ese tumulto de cartas y anotaciones que develaban las memorias que se debatían entre los momentos tensos, llenos de temor y angustia, y los que, por el contrario, me daban alguna sensación de calma y seguridad… de esperanza.

Siempre recordaré a personas que me dieron la mano en momentos de flaqueza, aunque pertenecieran a mis carceleros, porque me ayudaron cuando lo necesité. Sé, como lo he dicho antes en este relato, que muchos de ellos son a la vez mas prisioneros que yo en ese mundo.

-"Rezo por ustedes y le pido a Dios que les dé paz algún día, así nunca lleguen a tener lo que buscaban en ese grupo, porque será imposible tenerla mientras necesiten un Fidel retenido en esa montaña para conseguir lo que sea que signifique su felicidad", pensé mientras organizaba el último grupo de papeles.

En ese momento tuve una sensación de libertad que no había sentido desde mi liberación después de pagar lo exigido, como si mi espíritu soltara las cadenas que, a pesar de no existir físicamente, ataban mi mente a un fragmento de mi vida al que nunca quise entrar y al que no pertenecía.

-*"Solo Fidel pertenecía a ese mundo"*, dije en voz baja.

Mientras tanto, preparaba el próximo documento.

-*"Constancia de responsabilidad"*, leí el encabezado de la carta que seguía en orden.

No podía creer lo que veían mis ojos...

-*"Constancia de responsabilidad..."*, volví a leer con atención.

Sentí que una gota de agua cayó sobre la esquina de ese papel... pensé que empezaría a llover, pero el cielo estaba completamente despejado.

Miré a Sixta, que, parada a mi lado, en ese momento llevaba su mano a uno de sus ojos que dejaban correr una lágrima sin que pudiera evitarlo. Su mirada bastó para entender que probablemente ese papel le recordaba el momento más duro y desesperanzador de mi ausencia forzada...

Para ese momento mi hermano Henry había logrado reunir solo treinta millones de pesos de los mil millones exigidos; él asistió a la cita...

Fue obligado a firmar este documento...

-*"Una sentencia de muerte"*, pensé.

Leí este documento varias veces, como espero que los lectores lo hagan también, porque este documento resume la faceta más miserable y oscura de la naturaleza humana. Aunque no supe de la existencia de este documento hasta después de mi liberación, debo confesar que no deja de sorprenderme.

No puedo imaginar a mi hermano pensando que, al firmar ese papel, estaba aceptando que yo fuera asesinado y la familia condenada a ser *"objetivo militar"*, solo por no lograr conseguir el dinero de la liberación.

Algunos dirán que se trataba de una estrategia para presionar por un esfuerzo mayor para el pago, y probablemente así fue, pero no deja de ser macabro por cualquier razón.

-"¿Será que el redactor de esa carta haría la misma para su propio hermano o su madre?, ¿Cuál es el límite?, ¿Hay un límite?", pensaba mientras volvía a repasar lo escrito.

Imaginaba a mi hermano en ese preciso momento, firmando un documento de muerte frente a un sujeto armado hasta los dientes y con la frustración de no poder reportar a su jefe la victoria de haber colectado el dinero completo.

 Tal vez tampoco he sido justo con mi hermano, que vivió estas situaciones sin que yo lo entendiera desde el encierro, sin que yo me diera cuenta de que, a pesar de yo ser quien llevaba las cadenas físicas de la falta de libertad...

-"Todos estábamos sufriendo por igual".

A Henry le dedico este pensamiento de agradecimiento eterno por resistir a su corta edad el peso de mantener viva la esperanza, y pedirle perdón por no entender su propio sufrimiento durante esos tiempos turbios.

Definitivamente lo que leía me hacía entender lo que sucedía al otro lado de la montaña, el amor de quienes me rodearon, de quienes protegieron a mi familia, de quienes nunca perdieron la esperanza.

Julio 15/95

Constancia de Responsabilidad.

El 10 de Mayo/95, fue retenido por nuestra organización, el señor Luis Fernando Lacouture, identificado con C.C. # 80.411.383 8TA.

Retención que se caracteriza por ser económico y para su liberación exigimos la suma de $1000.000.000.oo (mil millones de pesos. m/c).

Su hermano Henry Echeverry Lacouture quien se encuentra al frente de todo el proceso de negociación y en la finiquitación del mismo, se abstiene de pagar el impuesto exigido, trayendo esto como consecuencia el fin de la vida del señor Luis Fernando Echeverry Lacouture, quedando así toda su familia comprometida con la organización y declarados ellos, objetivos militares.

Para mayor constancia, firmo el presente documento, el 15 de Julio/95, en las sabanas del Perijá.

Firmo:

Atte. Frente Guerrillero:

José Manuel Martinez Quiroz

U-C.E.L.N.

| 47 |

Paz Y Salvo A La Libertad

Algunas cartas llegaron a Sixta en apoyo a la familia, ofreciendo su mano para aliviar ese dolor y la ausencia del ser querido, las leí con atención, aunque no estén incluidas en este relato.

El último documento ya lo conocía bien; yo mismo lo recibí; significaba para mí una especie de graduación, de premio, como si habérmelo ganado fuera un orgullo... El "Paz y Salvo" a la libertad, la libertad que me había sido arrebatada.

"Pero hasta ese día, porque allí, ese día, frente a esos papeles fue declarada la muerte de Fidel para siempre..."

Julio 26 de 1995

Acta de Constancia

... Echeverry Locoutire, canceló considerable sumas de dinero, a raíz de la retención del señor Luis Fernando Echeverry Locoutire.

Hacemos conocer a los frentes guerrilleros Luciano Ariza, 6 de Diciembre y Javier Castaño de la Unión Camilista Ejército de Liberación Nacional, U-C. E.L.N., al Bloque Caribe de las F.A.R.C. E-P, y a los frentes del Ejército Popular de Liberación E.P.L., que ésta familia quedó con unas exelentes relaciones con el frente José ... que lo que se debe respetar todo su infraestructura, su ganadería y demás bienes, incluso su integridad personal.

Att. Dirección frente Guerrillero:
José Manuel Martínez Juárez.
U-C. E.L.N.

Unión Camilista Ejército de Liberación Nacional · UCELN

| 48 |

Hasta Nunca Fidel

HASTA NUNCA FIDEL

Carlos Riveros es médico internista con licencia en Estados Unidos y Colombia. Recibió un reconocimiento por el Congreso de Estados Unidos y más recientemente por el Senado de la República de Colombia por su trabajo en favor de la comunidad hispana en la Florida, donde actualmente ejerce su profesión, y por su incansable labor durante la pandemia del virus COVID 19.

Encuentra en la escritura la forma de contar historias que describen al ser humano, con sus virtudes, pero también con sus defectos. En sus libros refleja historias sencillas tanto de la realidad como de la fantasía, siempre adornadas por el orgullo que siente por su tierra.

OTROS TÍTULOS DEL AUTOR

UN DÍA COMO NUNCA

Un Día Como Nunca cuenta la historia basada en hechos reales de una mujer que fue abusada física y mentalmente por su propio esposo. Expone la maldad sin límites del ser humano, pero también la codependencia de personas que sin saberlo se buscan para abusar y ser abusadas, en una espiral que en casos como este puede desembocar en tragedias de vida, y evidencia cómo las consecuencias no solo afectan a los involucrados, sino a las siguientes generaciones. La historia, sin embargo, también demuestra cómo la resiliencia logra el reencuentro con la vida y construir desde las cenizas.

CEREBRO POR CÁRCEL

El doctor Kaffman, descubre su habilidad para escuchar la mente de sus pacientes, hasta que se encuentra con una mente más poderosa que lo atrapa y doblega su capacidad, introduciéndolo en un mundo oscuro del que quisiera no haber entrado. La trama se complica cuando ese mundo se vuelve la realidad lúgubre que nunca debería ser revelada.

GISSELLE EL AMOR Y EL TIEMPO

Gisselle y Karl se enamoran en momentos diferentes de sus vidas; el camino que construyen se basa solo en el amor que sienten. Sin embargo, la diferencia en sus etapas de vida les pasa facturas que se vuelven difíciles de superar. Habla sobre el amor en edades diferentes, pero también sobre cómo el amor se arraiga sin avisar, sin pedir permiso, independiente de las situaciones, de lo correcto, de lo permitido. Cuestiona la naturaleza del sentimiento en sus más profundas raíces.

AGRADECIMIENTO

Debo agradecer a mi gran amigo Luis Fernando por compartir el relato de ese episodio tan relevante en su vida, pero igualmente a Sixta, su esposa, por llevarlo de la mano en el camino de su felicidad.

www.ingramcontent.com/pod-product-compliance
Lightning Source LLC
Chambersburg PA
CBHW071308140726
47996CB00005B/1674